동영상 강의 및 감수 고종훈
서울대학교 동양사학과를 졸업했습니다. 한국사검정시험에서 수많은 합격자를 배출, 메가스터디 한국사 9년 연속 유료 수강생 1위, 누적 수강생이 70만 명 이상인 검증된 한국사 대표 강사입니다. 검증된 역사 지식을 바탕으로 많은 사람들에게 올바른 역사 인식을 심어주고자 노력하고 있습니다.

기획 및 감수 최인수
이화여자대학교에서 지리교육 및 역사교육을 전공, 구리 인창중학교에서 역사를 가르쳤습니다. 많은 아이들이 바른 역사를 알기를 바라는 마음으로 어린이 도서 전문 기획자로 활동하고 있습니다.

감수 공미라
이화여자대학교에서 역사교육을 전공, 교육대학원에서 석사학위를 받았습니다. 현재 남양주시 주곡중학교에서 역사를 가르치고 있습니다.

글 서예나
사범 대학 졸업 후 교사로 근무했습니다. 이후 초등학교 및 중학교 교과서를 비롯한 멀티미디어 교육 프로그램 개발 작업에 참여했지요. 지은 책으로는 〈특명! 어린이 명탐정 어휘의 비밀을 찾아라〉, 〈교과서 개념 한자어〉, 〈한중일 공용한자 808〉, 〈초등학생을 위한 인천역사 문화여행〉 등이 있습니다.

그림 박종호
동아, LG 국제만화페스티벌에서 〈세상에서 가장 행복한 날〉, 〈여섯 번째 손가락 이야기〉로 상을 받았습니다. 어린이들에게 가장 좋은 작품을 선보이기 위해 노력하고 있으며 재미있는 캐릭터와 생동감 넘치는 연출이 매력적입니다. 대표작으로는 〈이이화 선생님이 들려주는 만화 한국사〉, 〈바로 보는 세계사〉, 〈세계대역사 50사건〉, 〈Hello! MY JOB〉 등이 있습니다.

 고려

글 서예나   그림 박종호
감수 고종훈 공미라 최인수

1판 1쇄 발행 2017년 1월 20일
1판 4쇄 발행 2021년 1월 5일

펴낸이 김영곤
키즈융합부문대표 이유남   **키즈융합부문이사** 신정숙
키즈사업본부장 김수경   **에듀1팀** 김지혜 윤수지   **기획개발** 탁수진 유하은
영업본부장 김창훈   **영업1팀** 임우섭 송지은   **영업2팀** 이경학 오다은
마케팅본부장 변유경   **마케팅1팀** 김정은 문윤정 구세희
표지·본문디자인 씨디자인_조정은
본문편집디자인 02정보디자인연구소
사진 제공 이뮤지엄(국립중앙박물관 외), 문화재청, 사천문화원, 국립중앙박물관 도록, 국립공주박물관 도록, 왕의 초상, 조선중앙력사박물관 도록, 육군박물관 도록, 국립광주박물관 도록, 국립대구박물관 도록, 두암 기용두 도록, 위키피디아

펴낸곳 (주)북이십일 아울북
주소 (우 10881)경기도 파주시 회동길 201
연락처 031-955-2100 (대표) 031-955-2445 (내용문의) 031-955-2177 (팩스)
홈페이지 www.book21.com
〈생방송 한국사〉 오류 및 수정 내용은 네이버 '웃찾공'카페 도서 관련 공지사항을 통해 확인하실 수 있습니다.

등록번호 2000년 5월 6일 제 406-2003-061호
이 책 내용의 일부 또는 전부를 재사용하시려면 반드시 (주)북이십일의 동의를 얻어야 합니다.
잘못 만들어진 책은 구입하신 서점에서 교환해 드립니다.

- 제조자명 : (주)북이십일
- 주소 및 전화번호 : 경기도 파주시 회동길 201(문발동) / 031-955-2100
- 제조연월 : 2021년 1월 5일
- 제조국명 : 대한민국
- 사용연령 : 8세 이상 어린이 제품

한국사, 더 쉽고 재밌고 생생하게!

생방송 한국사

글 서예나 그림 박종호 기획 최인수 강의 고종훈

04 고려

아울북

구성과 특징

인물의 주요 사건과 업적이 한눈에
보기 쉽게 그림과 연표로 구성되어 있어요.

역사 현장이 한눈에!

그 시대의 다양한 뒷이야기를 통해
지루한 역사가 더욱 재미있어져요.

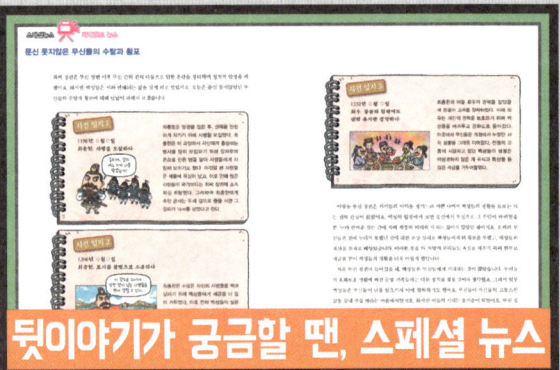

뒷이야기가 궁금할 땐, 스페셜 뉴스

 → 주요 뉴스 → 스페셜 뉴스

명장 강감찬, 거란의 3차 침입에 맞서다!
역사 현장을 취재하다!

교과서 핵심 개념을 뉴스 취재 형식으로 보여주어
쉽게 이해하고 깊이 생각할 수 있게 해요.

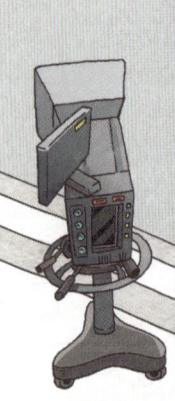

사건과 인물을 하나하나 연결하면서
복잡한 인물들의 순서도 금방 익혀요.

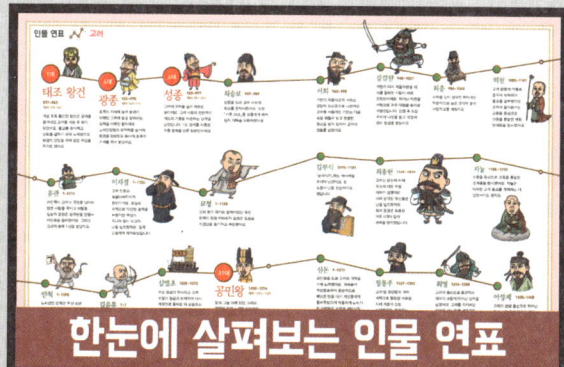
한눈에 살펴보는 인물 연표

역사 현장 어디든 출동!
바쁘다 바빠!

고종훈의 한국사 브리핑 → 인물 연표 → 동영상 강의

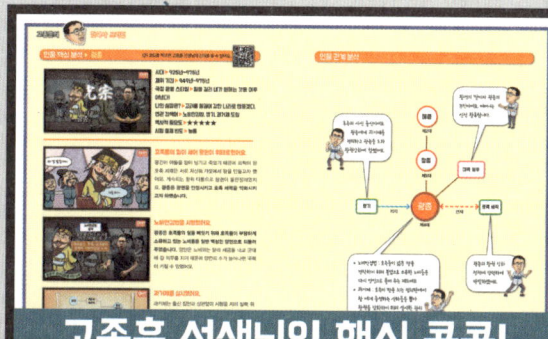
고종훈 선생님의 핵심 콕콕!

고종훈 선생님과 함께 인물과 사건의
핵심 내용을 알기 쉽게 다시 한 번 요약해요!

동영상 강의로 다시 한 번 정리

고종훈 선생님의 각 인물별 5분 동영상 강의로
22명의 인물을 완벽하게 정리해요!
('고종훈의 한국사 브리핑' 상단의 QR코드를 찍으면 영상을 볼 수 있어요.)

▶ 방송 순서

생방송 한국사 소개 ··· 4
구성과 특징 ··· 6

01 태조 왕건 고려를 세우다 ·········· 12

1 헤드라인 뉴스 – 궁예의 오른팔 왕건, 대단한 활약상
2 심층 취재 – 궁예의 폭정에 맞서는 왕건
3 헤드라인 뉴스 – 왕건, 후삼국을 통일하다!
4 인물 초대석 – 후삼국 통일 후 왕건의 정책은?
스페셜 뉴스 ▶ 현장 브리핑 – 왕건이 후손들에게 남긴 말, 훈요 10조
  ▶ 취재 수첩 – 29명의 부인을 둔 왕건, 과연 바람둥이일까?
고종훈의 한국사 브리핑

02 광종 왕권을 강화하다 ·········· 30

1 헤드라인 뉴스 – 광종, 7년간 발톱을 감추다
2 심층 취재 – 광종, 드디어 발톱을 드러내다
스페셜 뉴스 ▶ 현장 브리핑 – 광종에게 재산과 권력을 빼앗긴 호족들의 마음은 어땠을까?
  ▶ 비하인드 뉴스 – 그것이 알고 싶다. 광종이 이복 동생과 결혼한 이유는?
  ▶ 10분 토론 – 광종은 자주적 개혁 군주였을까, 난폭한 군주였을까?
고종훈의 한국사 브리핑

03 성종 유교 정치가 자리 잡다 ·········· 44

1 헤드라인 뉴스 – 성종, 유교를 통치 이념으로 삼다
2 인물 초대석 – 고려 사회의 기본 제도를 만든 성종
스페셜 뉴스 ▶ 취재 수첩 – 경기도는 언제부터 경기도라고 불렀을까요?
  ▶ 비하인드 뉴스 – '목이 좋다'라는 말이 12목에서 유래되었다고요?
고종훈의 한국사 브리핑

04 최승로 시무 28조를 올리다 ·········· 54

1 헤드라인 뉴스 – 성종의 오른팔이 된 최승로
2 인물 초대석 – 최승로, 28개의 정치 개혁안을 올리다
스페셜 뉴스 ▶ 비하인드 뉴스 – 최승로의 그때 그 시절
고종훈의 한국사 브리핑

05 서희 민족 최고의 외교관 ·········· 62

1 헤드라인 뉴스 – 급격히 성장한 거란, 고려를 위협하다
2 심층 취재 – 천재 외교관 서희, 거란을 물리치다
스페셜 뉴스 ▶ 체험! 역사 현장 – 고려 시대 개경의 모습은 어땠을까요?
  ▶ 비하인드 뉴스 – 고려, 아라비아 상인과 무역을 하다
고종훈의 한국사 브리핑

06 강감찬 귀주 대첩의 명장 ······ 75
1 심층 취재 – 거란의 2차 침입, 위태로운 고려!
2 헤드라인 뉴스 – 명장 강감찬, 거란의 3차 침입에 맞서다!
스페셜 뉴스 ▶ 인물 포커스 – 강감찬에 관한 네 가지 이야기
고종훈의 한국사 브리핑

07 최충 고려의 사립학교 교장 ······ 85
1 인물 초대석 – 사립학교의 원조, 최충의 9재학당
스페셜 뉴스 ▶ 취재 수첩 – 어느 호족 소년의 일기 : 문벌 귀족의 특권, 음서제와 공음전
고종훈의 한국사 브리핑

08 의천 고려의 불교를 빛내다 ······ 93
1 인물 초대석 – 왕자 출신 의천, 해동 천태종을 창시하다
스페셜 뉴스 ▶ 현장 브리핑 – 고려의 민족 대축제, 팔관회와 연등회
▶ 문화계 소식 – 고려 시대에 못생긴 불상이 많이 만들어진 까닭은?
고종훈의 한국사 브리핑

09 윤관 여진을 물리치다 ······ 103
1 인물 초대석 – 여진을 몰아내고 동북 9성을 쌓다
스페셜 뉴스 ▶ 취재 수첩 – 조금씩 힘을 키운 여진, 드디어 나라를 세우다!
고종훈의 한국사 브리핑

10 이자겸 문벌 귀족의 반란 ······ 111
1 인물 초대석 – 인종의 외할아버지 이자겸, 반란을 일으키다
2 헤드라인 뉴스 – 인종, 이자겸을 향해 반격을 시작하다!
스페셜 뉴스 ▶ 현장 브리핑 – 자기 배만 불리는 고려의 귀족들
▶ 그때 그 물건 – 고려 귀족들의 생활 도구
고종훈의 한국사 브리핑

11 묘청 도읍을 서경으로 옮기자 ······ 124
1 인물 초대석 – 개경이냐, 서경이냐? 그것이 문제로다
2 심층 취재 – 묘청의 난이 일어나다!
스페셜 뉴스 ▶ 10분 토론 – 신채호에게 묘청의 난이란?
고종훈의 한국사 브리핑

▶ 방송 순서

12 김부식 삼국사기를 편찬하다 ········· 135
- 헤드라인 뉴스 – 고려 최고의 문장가 김부식, 「삼국사기」 펴 내
- 스페셜 뉴스 ▶ 문화계 소식 – 「삼국사기」와 「삼국유사」, 무엇이 비슷하고 무엇이 다를까?
- ▶ 현장 브리핑 – 금속 활자는 어떻게 만들어졌을까?
- 고종훈의 한국사 브리핑

13 최충헌 무인 시대 ········· 143
- 헤드라인 뉴스 – 참다못한 무신들, 난을 일으키다
- 심층 취재 – 4대에 걸쳐 고려를 장악한 최씨 정권
- 스페셜 뉴스 ▶ 비하인드 뉴스 – 문신 못지않은 무신들의 수탈과 횡포
- 고종훈의 한국사 브리핑

14 지눌 고려 불교를 개혁하라 ········· 153
- 인물 초대석 – 선종을 중심으로 교종을 통합하자!
- 스페셜 뉴스 ▶ 현장 브리핑 – 절에서 이루어진 경제 활동을 아시나요?
- ▶ 비하인드 뉴스 – 고려 백성들의 불교 조직, 향도
- 고종훈의 한국사 브리핑

15 만적 신분 해방을 부르짖다 ········· 162
- 헤드라인 뉴스 – 노비 만적, 신분 해방을 부르짖다!
- 스페셜 뉴스 ▶ 취재 수첩 – 향·부곡·소 민의 삶
- ▶ 현장 브리핑 – 차별 금지! 향·부곡·소 민들의 저항, 망이·망소이의 난
- 고종훈의 한국사 브리핑

16 김윤후 몽골에 대항한 고려의 승려 ········· 170
- 헤드라인 뉴스 – 세계 대국 몽골, 고려를 짓밟다!
- 심층 취재 – 몽골 장군 살리타를 사살한 승려 김윤후
- 스페셜 뉴스 ▶ 문화계 소식 – 온 백성의 간절한 바람을 담은 팔만대장경
- ▶ 취재 수첩 – 세계적인 불가사의, 팔만대장경
- 고종훈의 한국사 브리핑

17 삼별초 고려인의 자주 의식 ········· 178
- 인물 초대석 – 몽골에 끝까지 맞서 싸운 삼별초
- 스페셜 뉴스 ▶ 비하인드 뉴스 – 고려 시대 여인들의 삶에 대해 알아볼까요?
- ▶ 취재 수첩 – 손변의 재판 이야기
- 고종훈의 한국사 브리핑

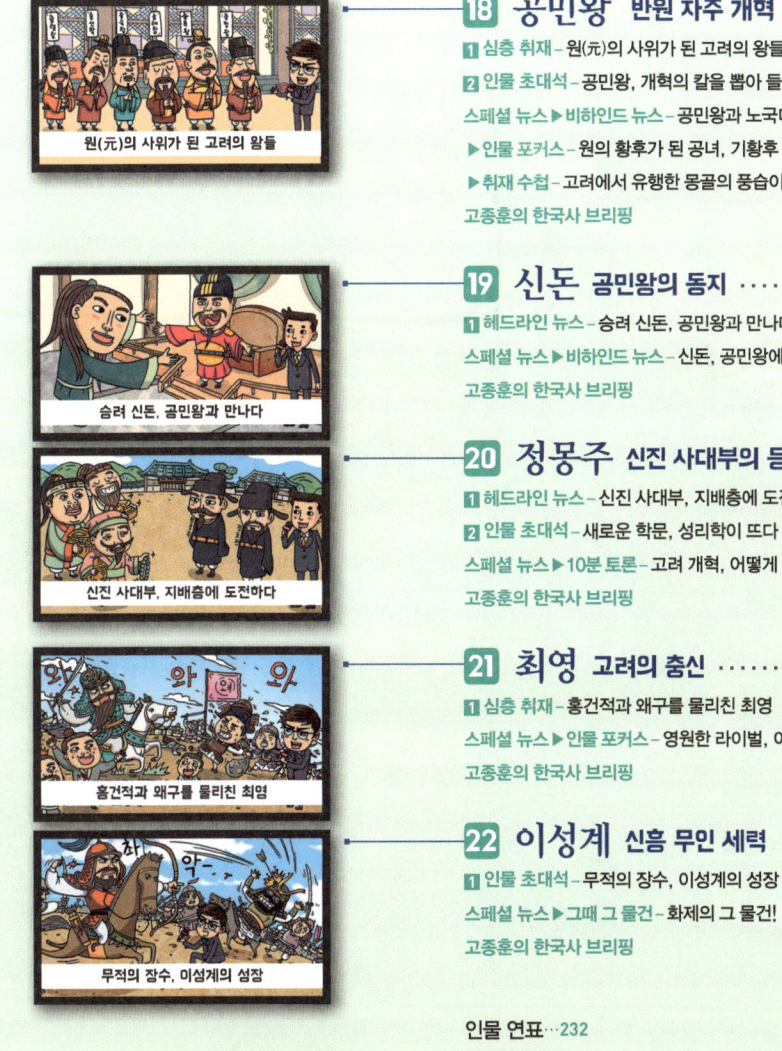

18 공민왕 반원 자주 개혁 ········ 186
1 심층 취재 – 원(元)의 사위가 된 고려의 왕들
2 인물 초대석 – 공민왕, 개혁의 칼을 뽑아 들다
스페셜 뉴스 ▶ 비하인드 뉴스 – 공민왕과 노국대장공주의 러브 스토리
▶ 인물 포커스 – 원의 황후가 된 공녀, 기황후
▶ 취재 수첩 – 고려에서 유행한 몽골의 풍습이 있다고요?
고종훈의 한국사 브리핑

19 신돈 공민왕의 동지 ········ 199
1 헤드라인 뉴스 – 승려 신돈, 공민왕과 만나다
스페셜 뉴스 ▶ 비하인드 뉴스 – 신돈, 공민왕에게 버림받은 까닭은?
고종훈의 한국사 브리핑

20 정몽주 신진 사대부의 등장 ········ 205
1 헤드라인 뉴스 – 신진 사대부, 지배층에 도전하다
2 인물 초대석 – 새로운 학문, 성리학이 뜨다
스페셜 뉴스 ▶ 10분 토론 – 고려 개혁, 어떻게 할 것인가?
고종훈의 한국사 브리핑

21 최영 고려의 충신 ········ 215
1 심층 취재 – 홍건적과 왜구를 물리친 최영
스페셜 뉴스 ▶ 인물 포커스 – 영원한 라이벌, 이성계 VS 최영
고종훈의 한국사 브리핑

22 이성계 신흥 무인 세력 ········ 223
1 인물 초대석 – 무적의 장수, 이성계의 성장
스페셜 뉴스 ▶ 그때 그 물건 – 화제의 그 물건!
고종훈의 한국사 브리핑

인물 연표 ··· 232
찾아보기 ··· 234

타임라인 뉴스

877 송악에서 왕륭의 아들로 태어나다

895 궁예의 밑에 들어가 부하 장수가 되다

903 전라도 나주 지방을 공격해 승리하다

906 상주에서 견훤의 군대를 물리치다

913 그간의 공을 인정받아 궁예 밑에서 2인자가 되다

918 신숭겸 등을 비롯한 일부 호족들이 왕건을 찾아와 왕위에 오를 것을 청하다
호족들과 손잡고 궁예를 몰아내다
왕위에 오르다

919 자신의 근거지인 송악으로 수도를 옮기다

926 발해의 왕자 대광현을 포함한 발해 유민을 받아들이다

927 공산 전투에서 고려가 후백제에 크게 패하다

930 고창 전투에서 후백제와 싸워 대승을 거두다

935 후백제의 내분으로 견훤이 고려에 도망쳐 오다
신라의 경순왕이 나라를 고려에 바치다

936 신검이 이끄는 후백제군을 무너뜨리고 후삼국을 완전히 통일하다

942 거란이 외교를 맺으려 희망했지만 발해를 무너뜨렸다는 이유로 거부하다

943 후손들에게 훈요 10조를 남기고 현릉에 묻히다

1 헤드라인 뉴스

생방송 한국사

궁예의 오른팔 왕건, 대단한 활약상

궁예의 오른팔로 알려진 왕건의 활약이 눈부십니다. 그의 활약에 힘입어 후고구려는 후삼국 시대를 통일하는 데 유리한 위치를 차지하게 된 것 같습니다. 왕건은 어떻게 궁예의 신하가 되었고, 또 그동안 어떤 일을 해 왔는지 함께 알아보시죠.

왕건은 877년에 송악의 **호족**이자 상인인 왕륭의 아들로 태어났습니다.

김역사 기자

왕건은 어릴 적부터 글공부와 무술을 배우며 훌륭한 인물이 되기 위한 준비를 했습니다. 그러다 스무 살 되던 해에 인생의 큰 변화를 겪었어요. 궁예의 부하로 들어가 우두머리 장수가 되었거든요. 당시 궁예는 신라 말의 혼란한 상황 속에서 세력을 키워나가고 있었어요. 이때 왕건의 아버지 왕륭이 자신의 기반 지역인 송악을 궁예에게 바쳤어요.

"혼란한 시대를 통일하기 위해서는 먼저 송악에 도읍을 정하고 궁궐을 짓는 것이 좋을 것 같습니다. 그러니 송악을 기꺼이 받아주십시오. 그리고 제 아들 왕건을 잘 부탁드리겠습니다."

궁예는 왕륭의 제안을 내심 마음에 들어 했어요. 송악은 오늘날의 개성 지역으로, 궁예는 세력을 확대할 계획을 세운 후부터 송악을 눈여겨 보았거든요. 왕건의 총명함을 한눈에 알아본 궁예는 왕건을 송악의 성주로 임명하고, 궁궐의 공사를 맡기는 등 중요한 일을 맡겼지요.

901년, 마침내 송악의 궁궐이 완성되었어요. 궁예는 송악을 도읍으로 정하고 나라 이름을 후고구려라 했지요. 이 이름에는 '고구려의 기상을 이어 천하를 통일할 것'이라는 의지가 담겨 있어요. 그리하여 신라, 후백제, 후고구려의 후삼국 시대가 열렸답니다.

왕건은 궁예의 명령에 따라 후삼국을 통일하기 위해 전국으로 정복 전쟁을 떠났어요. 왕건은 경기도 일대, 서울, 충주 등을 차례로 정복했지요. 그야말로 승승장구의 길을 걸었던 거예요. 그 결과 후고구려는 영토를 점점 넓히며 세력을 확대했어요. 또한 궁예는 왕건을 더욱 아끼고 믿게 되었지요.

그런데 궁예는 904년에 도읍을 철원으로 다시 옮겼어요. 송악을 그렇게 마음에 들어 하던 궁예가 왜 갑자기 도읍을 옮겼을까요? 송악의 호족을 만나보겠습니다.

호족
호족은 통일 신라 말에서 고려 초기에 지방에서 힘을 키운 세력을 말해요. 이들은 장군이나 성주 등으로 불렸으며 고려의 건국에 많은 도움을 주었어요.

굴러온 돌이 박힌 돌 뺀다
외부에서 들어온 지 얼마 안 되는 사람이 오래전부터 있던 사람을 내쫓으려 함을 비유적으로 이르는 말

견제
일정한 작용을 가함으로써 상대편이 지나치게 세력을 펴거나 자유롭게 행동하지 못하게 억누름

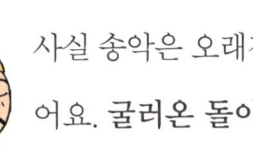
호족

사실 송악은 오래전부터 옛 고구려 출신 호족들이 살던 땅이었어요. **굴러온 돌이 박힌 돌 뺀다**는 옛말이 있지요? 우리 호족들은 궁예로 인해 송악에서 세력을 행사하지 못하게 될까봐 불안했어요. 그러니 당연히 호족들은 끊임없이 궁예를 간섭하고 **견제**했죠.

결국 궁예는 송악을 떠나 다시 철원으로 돌아갈 수밖에 없었습니다. 궁예는 철원으로 돌아온 후, 나라 이름을 '마진'으로 고쳤어요. 마진은 '커다란 동방의 나라'라는 의미로, 후삼국 통일의 의지를 담았다고 볼

수 있어요. 철원으로 돌아온 궁예는 영토를 넓히기 위해 애썼어요. 그 일을 맡은 사람은 다름 아닌 왕건이었지요.

당시 신라의 기세는 어느 정도 꺾인 상태였지만 후백제는 여전히 만만치 않은 상대였지요. 후백제는 바다를 통해 여러 나라와 교류를 하고 있었기 때문에 나라 살림이 점점 나아지고 있었거든요. 이러한 후백제의 사정을 파악한 왕건은 궁예에게 말했습니다.

"바다에서부터 후백제를 꺾어야 합니다. 저에게 군사를 주시면 **금성**을 공격해 이기겠습니다."

"그래, 좋은 생각이군. 그렇다면 꼭 금성을 점령해 주게."

왕건은 2천 5백여 명의 수군을 이끌고 남쪽으로 향했어요. 이 소식을 들은 후백제의 견훤은 왕건과 맞서기 위해 직접 수군을 이끌고 나주로 나갔지요. 왕건의 군사들은 훨씬 많은 수의 백제 수군을 보고 겁을 먹었습니다. 하지만 왕건은 겁내지 않았어요.

"전쟁에서 이기고 지는 것은 군사의 수가 아니라, 단결력에 달려 있다!"

왕건은 앞장서서 후백제 함대들을 기습적으로 공격했어요. 이때 왕건은 마치 **제갈공명**과 같은 지혜를 발휘했어요. 때마침 불어오는 바람을 이용해 후백제의 함대에 불을 질렀던 거지요. 그러자 순식간에 후백제 수군은 불에 타 목숨을 잃거나 다치고 말았어요. 결국 전투는 왕건의 승리로 끝났고, 왕건은 그곳의 이름을 금성에서 나주로 고쳤답니다.

금성
전라남도 나주의 옛 이름

제갈공명
중국 삼국 시대의 뛰어난 전략가로, 유비를 도와 조조의 대군을 물리쳤어요.

2 심층 취재

생방송한국사

궁예의 폭정에 맞서는 왕건

얼마 전 궁예는 자신의 권력을 지키기 위해 부인과 아들까지 가차 없이 죽이는 일을 저질렀습니다. 제아무리 충직한 신하라도 이를 가만히 두고 볼 수만은 없었겠죠? 결국 왕건은 궁예에게 칼을 겨누었는데요. 자세한 소식은 심층 취재를 통해 전해드리겠습니다.

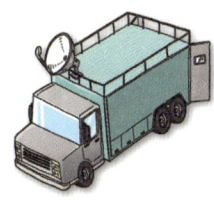

태봉은 '서로 뜻을 함께하여 평화로이 사는 세상'이란 뜻입니다. 궁예는 태봉의 영토를 넓히면서 더욱 세력을 키웠어요. 그런데 심상치 않은 변화가 나타났어요. 이즈음 궁예와 호족들의 사이가 점점 벌어지기 시작한 것이죠. 아직 왕권이 안정되지 않은 상황에서 궁예에게 힘을 실어주던 호족들이 서로 뭉쳐 왕을 견제하기 시작한 거예요. 궁예는 자신의 입지가 좁아질까봐 두려웠어요. 이때부터 궁예는 주변 사람들을 의심하기 시작했고, 자신의 권력을 지키기 위해 무자비하게 칼을 휘둘렀습니다.

궁예는 조금이라도 자신의 정책에 반대하거나, 자신의 권력 강화에 걸림돌이 되는 호족들은 모조리 죽여 버렸어요. 자신의 편에 서지 않는 낌새가 조금이라도 보이면 그 싹을 잘라 버린다며 목숨을 빼앗은 거지요. 호족들은 점차 궁예의 포악한 정치에 반감을 갖게 되었어요.

궁예는 911년에 나라 이름을 '태봉'으로 바꾸었습니다.

김역사 기자

관심법
신통력으로 사람의 마음을 들여다 볼 수 능력

처단
결단을 내려 처치하거나 처분함

등극
임금의 자리에 오름

이런 상황에서 궁예의 의심과 불안은 점차 심해졌고, **관심법**을 내세워 신하들까지 죽였어요. 신하들에게 반역자라는 누명을 씌운 것이지요. 심지어 왕후와 왕자까지도 죽였어요. 궁예의 이러한 행동은 자신의 권력 강화를 막으려는 사람들에게 본때를 보여 주려는 것이었어요.

하지만 이것은 오히려 더 좋지 않은 결과를 가져왔어요. 호족과 신하들이 이를 계기로 궁예에게 등을 돌리게 되었거든요. 궁예의 오른팔인 왕건 또한 마찬가지였어요. 왕건은 오랜 고민 끝에 결심을 했어요.

"백성과 나라를 지키기 위해 궁예를 **처단**하겠다!"

왕건은 신숭겸, 복지겸 등의 장수들과 함께 반란을 일으켰어요. 반란군은 백성들의 지지를 얻으며 그 위세를 떨쳤어요. 사람들에게 인심을 잃은 궁예는 왕건을 피해 궁궐을 빠져나가 강원도 평강(부양)으로 도망갔어요. 산길과 시내를 건너 결사적으로 도망을 치다 결국 비참한 죽음을 맞이하고 말았어요. 새로운 나라를 꿈꾸며 30년 가까이 천하를 발밑에 두던 궁예는 그렇게 세상을 떠나게 되었던 거지요.

918년, 왕건은 호족과 백성들의 열렬한 환호를 받으며 새로운 왕으로 **등극**했어요. 그리고 도읍을 철원에서 송악으로 옮기고, 신하들과 함께 있는 자리에서 다음과 같이 말했어요.

"지금부터 나라 이름을 태봉에서 고려로 바꿀 것이다. 나의 조상은 고구려 사람이며, 나 또한 고구려의 정신을 이어나갈 것이기 때문이다."

이렇게 해서 왕건은 신라와 후백제를 멸망시키고 후삼국을 통일할 새로운 인물로 떠올랐습니다.

3 헤드라인 뉴스

왕건, 후삼국을 통일하다!

드디어 왕건이 후삼국을 통일했습니다. 그동안 왕건은 후백제에게 밀려 고전을 면치 못했는데요. 어느 순간부터 상황이 뒤바뀌어 버린 것입니다. 과연 왕건에게 어떤 일이 있었고, 어떻게 후삼국을 통일하게 되었는지 알아보겠습니다.

그 사이 후백제는 힘을 키워 920년에 신라의 합천을 침입했어요. 그 결과 경상도 지역도 백제의 손아귀에 들어갔어요. 백제는 이 기세를 몰아 곧 후삼국을 통일할 것 같았죠. 위기감을 느낀 왕건은 후백제를 꺾기 위해 924년에 조물성(경상북도 안동 부근) 전투를 시작했어요. 하지만 결판을 내지 못하고 고려와 후백제 군사 모두 진이 빠진 상태가 되었죠. 그래서 일단 전쟁을 중단하게 되었어요.

그 무렵 신라의 힘은 서라벌(경주) 일대에만 겨우 미칠 정도로 약해져 있었어요. 그런데 견훤이 경상도 북부를 공격하다 갑자기 진로를 바꿔 경주를 침범하는 게 아니겠어요? 신라의 **경애왕**은 즉시 고려에 도움을 요청했지요. 경애왕은 견훤을 신라를 배신한 역적으로 여겼지만 왕건은 호족 출신이라 생각해 견훤보다는 우호적으로 대했거든요.

왕건의 고려 건국 이후 2년 동안은 평화로운 날이 계속되었어요.

김역사 기자

경애왕

신라의 제55대 왕으로, 경주에서 잔치를 하다가 견훤에게 습격을 당해 죽음을 맞이하게 되었어요.

경애왕의 속마음을 알아챈 견훤은 경애왕을 죽게 만들고 그의 이종사촌인 김부를 왕으로 앉혔어요. 이 사람이 신라의 마지막 임금 경순왕이지요. 견훤이 왕의 목숨을 빼앗아 버리자 신라 백성들은 분노했어요.

"비록 신라가 힘은 약하지만 견훤을 따를 수는 없는 일이다!"

신라 백성들은 견훤에게 등을 돌렸지요. 이 무렵 왕건은 견훤이 경주를 침범했다는 소식을 듣고 경주로 군대를 보냈어요. 하지만 신라는 이미 견훤에게 왕의 목숨을 내어 주고 몰락의 길로 접어든 상태였어요.

한편, 신라를 장악한 견훤은 고려군이 올 것을 예상하고 급하게 물러났어요. 그러던 중에 공산(대구 팔공산)에서 왕건의 군대와 마주치게 되었지요. 왕건의 군대가 먼저 공격을 시작했지만 시간이 지나자 왕건의 군사들이 후백제군에게 포위를 당하고 말았어요. 기세가 오른 후백제군은 고려군을 크게 무찔렀지요. 이 싸움에서 고려군은 수천 명의 군사와 뛰어난 장수들을 잃었고 왕건은 겨우 목숨만 건져 달아났답니다.

연달아 패배를 경험한 왕건은 큰 충격에 빠졌고, 그 후 계속된 전투에서도 고려군은 전혀 힘을 쓰지 못했어요. 하지만 왕건은 포기하지 않았어요. 오히려 '절대 포기하지 않겠다.'고 굳게 다짐하며 반격의 기회를 노렸지요.

기회는 머지않아 찾아왔어요. 후백제의 견훤이 다시 군사를 이끌고 고창을 공격했거든요. 왕건은 이때를 놓치지 않고 견훤을 공격했어요. 왕건의 부하 **유금필**은 자신의 군사들과 고창 지역의 호족들을 이끌고 죽을힘을 다해 싸워 드디어 승리를 이끌어 냈답니다.

그 결과 강릉부터 울산에 이르는 지역의 호족들은 대세가 왕건에게 기울어졌다고 판단하게 되었어요. 그들은 왕건의 신하가 되기를 원했고, 신라 왕실도 왕건을 의지하게 되었지요. 고려는 후삼국 통일을 눈앞에 두게 된 셈이었어요.

자신감을 얻은 왕건은 934년 후백제의 운주성(충남 서산)을 공격하였어요. 이때도 유금필의 활약으로 큰 승리를 거두었지요. 운주성 전투에서 후백제가 패했다는 소식은 **웅진** 이북에 있는 30개의 성에도 전해졌어요. 더 이상 승산이 없다고 판단한 성주들은 왕건에게 투항하기로 했어요. 이때 왕건은 견훤의 장수들도 모조리 잡아들였답니다. 후삼국을 통일할 승기를 단단히 거머쥐게 된 것이죠.

이와 반대로 견훤이 이끄는 후백제는 갈수록 상황이 나빠졌어요. 견훤의 아들들이 왕위를 둘러싸고 싸움까지 벌이고 있었거든요. 견훤은 여러 부인에게서 10여 명의 아들을 얻었어요. 그런데 견훤은 첫째가 아니라 넷째인 금강에게 왕위를 물려주려 했어요. 이 바람에 맏아들 **신검**의 불만이 이만저만이 아니었어요. 아버지를 도와 전쟁터에서 공을 세운 자신이 당연히 왕위를 물려받을 줄 알았으니까요. 신검은 금강을 못마땅하게 여기는 세력들과 손잡고 아버지를 **금산사**에 가두고 금강을 죽여버렸어요.

한편, 절에 갇혀 있던 견훤은 자신의 상황을 바꿔 보려고 꾀를 내었

유금필
고려의 장군으로 태조 왕건을 도와 후삼국을 통일하는 데 큰 공을 세웠어요.

웅진
충청남도 공주 지역의 옛 이름

신검
견훤의 장남이자, 후백제의 제2대 왕이에요. 견훤이 넷째 아들인 금강에게 왕위를 물려주려 하자 견훤을 금산사에 가두었습니다.

금산사
전라북도 김제에 있는 절

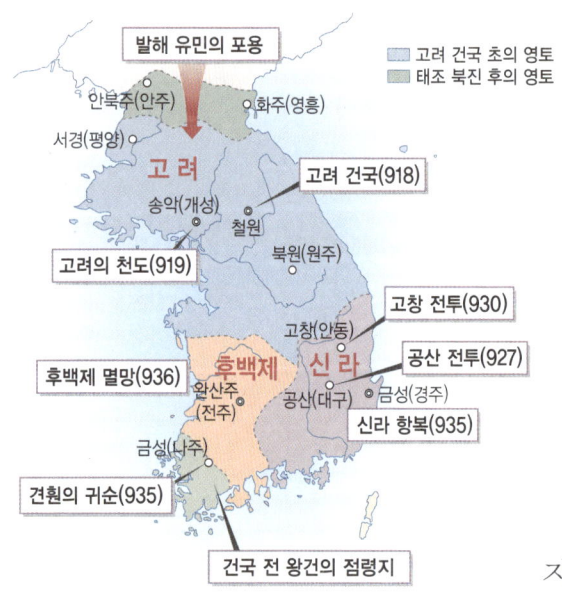
▲ 고려의 민족 재통일

수졸
수비하는 병졸

고려로 넘어온 발해인
거란의 침입으로 발해가 멸망하자 발해 유민들이 고려로 내려오게 되었습니다. 갈 곳을 잃은 발해 민족들은 왕건에게 고려의 백성이 되길 청했는데, 왕건은 기꺼이 그들을 받아들였어요.

어요.

"이보게. 나를 지키느라 수고가 많네. 내가 술 생각이 간절하니 이 보석을 팔아 술을 좀 사오게나. 같이 나눠 마시지."

견훤은 감시가 소홀한 틈을 타서, **수졸**들에게 술을 먹이고 그들이 잠든 사이에 금산사를 빠져 나왔어요. 그 뒤 고려 땅이 되어버린 나주로 가 왕건에게 신하로 받아 주기를 청했지요. 왕건은 예의를 갖춰 견훤을 정중하게 대했어요. 이 소식을 들은 신라는 대세가 왕건에게 완전히 기울었다고 판단했어요.

"더 이상 신라를 유지시키는 건 불가능하오. 더 험한 꼴 보기 전에 고려에 항복하는 게 좋겠소."

이렇듯 상황이 고려에게 유리하게 돌아가자 왕건은 936년 신검의 잘못을 묻는다는 구실로 군사를 이끌고 후백제를 공격했어요. 신검은 필사적으로 대항했지만 결국 항복을 하고 말았어요. 이로써 약 50년에 걸친 후삼국 시대는 막을 내리게 되었답니다. 936년 왕건은 흥분된 목소리로 "드디어 삼국은 통일되었노라!" 하고 공식 선언을 했어요.

후삼국의 통일은 우리 민족이 외세의 힘을 빌리지 않고 이룩한 민족 통일이에요. 더불어 왕건은 옛 고구려, 백제, 신라 등의 지방 세력조차도 지배 세력으로 받아들이며 그들을 인정해 주었고, **고려로 넘어온 발해인**들까지 따뜻하게 맞이해 진정한 민족 통일을 꾀하였답니다.

4 인물 초대석

후삼국 통일 후 왕건의 정책은?

후삼국을 통일한 왕건은 백성들을 위해 어떤 정책을 펼치고 있을까요? 또 그 성과는 어떤지 많은 사람들이 궁금해 하고 있습니다. 오늘 인물 초대석 시간에는 왕건을 직접 모시고 자세하게 알아보도록 하겠습니다.

왕건

안녕하시오. 왕건이오. 나는 너무 바쁜 몸이니 바로 본론으로 들어가겠소. 후삼국 통일 후 실시한 정책이라면 뭐니 뭐니 해도 **북진 정책**이라고 할 수 있소. 나는 고구려의 계승자임을 만방에 알린 만큼, 고구려의 옛 땅을 회복해야 할 의무가 있었소. 당시 거란이 발해를 멸망시키고 **요**를 세워 힘을 키우고 있었기 때문에 북진 정책이 결코 순조롭게 진행되지는 않았다오. 하지만 나는 포기하지 않고 북진 정책을 적극적으로 추진했고, 그 결과 청천강에서 영흥만 어귀까지 영토를 넓힐 수 있었다오.

나는 민족이 하나되는 진정한 통일을 이루기 위해 힘썼소. 후백제, 신라 출신을 가리지 않고 지배 세력으로 참여시켰고, 거란에게 멸망당한 발해의 유민들을 고려 백성으로 받아들였소.

북진 정책

북방으로 나라의 세력을 뻗어 나가려는 정책이에요. 태조 왕건은 고구려의 옛 땅인 요동과 만주 지역을 회복하기 위해 노력했어요.

요

거란이 세운 왕조

통합

둘 이상의 조직이나 기구 따위를 하나로 합침

그렇군요. 그런데 고려에는 이전부터 세력을 행사하던 호족들이 많다보니 아무래도 사회를 **통합**하는 데 어려움이 있었을 것 같은데요. 이것을 해결하기 위해 어떤 정책을 시행하셨습니까?

이 부분은 간단하게 말하겠소. 나는 호족과의 관계를 더욱 단단히 하기 위해 여러 호족들의 딸들과 혼인을 했소. 내 부인은 총 29명인데, 이 중 27명이 호족의 딸이라오. 이런 정책은 아직 지배력이 불안한 나에게 아주 좋은 장치가 될 수 있었소. 호족들과 친척 관계를 맺으면 호족의 힘을 한 곳으로 집중시킬 수 있기 때문이라오. 또 나는 호족들에게 나의 성씨를 내려주어 고려 지배층이라는 소속감을 갖게 했다오.

그런 묘수가 있었군요! 하지만 호족들의 마음을 돌린다고 해서 백성들의 마음까지 사로잡기는 쉽지 않았을 것으로 생각되는데요. 이점은 어떻게 해결하셨나요?

그렇소. 정말 쉬운 일이 아니라오. 우선 나는 백성들의 세금을 줄여 주었소. 또 백성의 마음을 하나로 모으고자 불교를 적극 장려했소. 그래서 절과 탑을 많이 짓고 팔관회, 연등회와 같은 불교 행사를 열어 불교문화를 발전시키고자 노력했다오. 이런 행사는 과연 백성들에게 하나 된 마음을 갖게 하는 데 효과적이었소.

네, 알겠습니다. 오늘은 후삼국을 통일한 왕건이 실시한 정책들을 알아보는 시간을 가졌습니다. 이상 인터뷰를 마치겠습니다.

태조 왕건 | 고려를 세우다

왕건이 후손들에게 남긴 말, 훈요 10조

김역사 기자

여기는 태조 왕건의 궁궐 앞입니다. 제가 이곳에 온 이유는 태조 왕건이 드디어 곧 숨을 거두리라는 소식을 전해 드리기 위해서입니다. 왕건은 얼마 전 병이 들어 자리에 눕게 되었는데요. 67세의 나이로 생을 마감할 때가 되었음을 직감한 왕건은 신하 박술희를 불렀습니다.

말씀 드리는 순간, 박술희가 붓과 벼루를 들고 궁궐로 뛰어 들어가는 모습이 보이는군요. 왕건의 유언을 받아 적으려는 것 같은데요. 과연 왕건이 박술희를 통해 전하고자 하는 바가 무엇인지 바로 알려드리겠습니다.

훈요 10조는 왕이 지켜야 할 열 가지 중요한 가르침이라는 뜻인데요. 고려 왕조의 통치 이상과 방향을 보여 주는 좋은 자료라고 할 수 있겠습니다. 그 내용을 살펴보면 호족들의 정신적 지주가 되었던 불교를 중시했음을 알 수 있어요. 또, 당시 문화 선진국인 중국의 풍습도 일부러 따를 필요가 없다는 내용을 통해 고려의 자주성을 느낄 수 있어요. 북진 정책의 중심 도시인 서경을 중시한 것을 통해서는 북진 정책에 대한 왕건의 의지를 알 수 있어요.

태조 왕건은 나라를 굳건히 유지하고 단합된 사회를 이루기를 바라는 마음에서 훈요 10조를 남긴 것으로 보입니다. 이상 현장 브리핑이었습니다.

29명의 부인을 둔 왕건, 과연 바람둥이일까?

후삼국을 통일한 왕건에게는 큰 고민거리가 있었어요. 아직 왕권은 강하지 못했고 각 지방에는 힘센 호족들이 있었거든요. 이 호족들을 잘 다스리면서 왕권을 강화할 방법을 찾아야 했어요. 왕건이 선택한 방법은 결혼이었어요. 호족의 딸들과 결혼을 하여 친척 관계를 맺는 것이지요. 그리하여 태조는 무려 29명의 부인을 거느리게 되었어요. 태조의 부인은 신혜 왕후와 장화 왕후 2명을 제외하면 모두 정략 결혼이었죠. 부인들의 출신 지역은 왕건의 지지 기반이 확실한 개경을 제외하고 골고루 퍼져 있었는데, 특히 황해도가 아홉 명으로 가장 많았어요. 황해도가 고려 건국에 큰 역할을 했기 때문이기도 하고 아직 지지 기반이 약한 탓도 있었거든요. 다시 말해 왕건이 29명의 부인을 두었다는 건 그만큼 견제해야 할 호족들의 수가 많았고, 왕의 권력이 약했다는 뜻이에요.

왕건은 29명의 부인에게서 무려 아들 25명, 딸 9명을 두었어요. 그뿐만 아니라 어머니가 다른 자식들을 서로 결혼시켜 사돈 관계를 맺게 했어요. 그야말로 얽히고설킨 관계였지만 왕건은 이를 통해 왕권과 나라를 안정시킬 수 있었습니다.

하지만 이 일은 시간이 지나면서 오히려 화가 되어 돌아왔어요. 태조 왕건이 죽은 후 왕건의 자식들이 서로 왕위를 차지하겠다고 싸우는 일이 발생했거든요. 각 호족들은 자신과 혈연관계에 있는 왕자를 왕위에 올리기 위해 저마다 수를 썼고, 이로 인해 고려 왕실은 한 동안 큰 혼란에 빠졌어요. 이 때문에 태조의 뒤를 이은 2대 혜종과 3대 정종도 권력 다툼의 희생양이 되어야 했답니다.

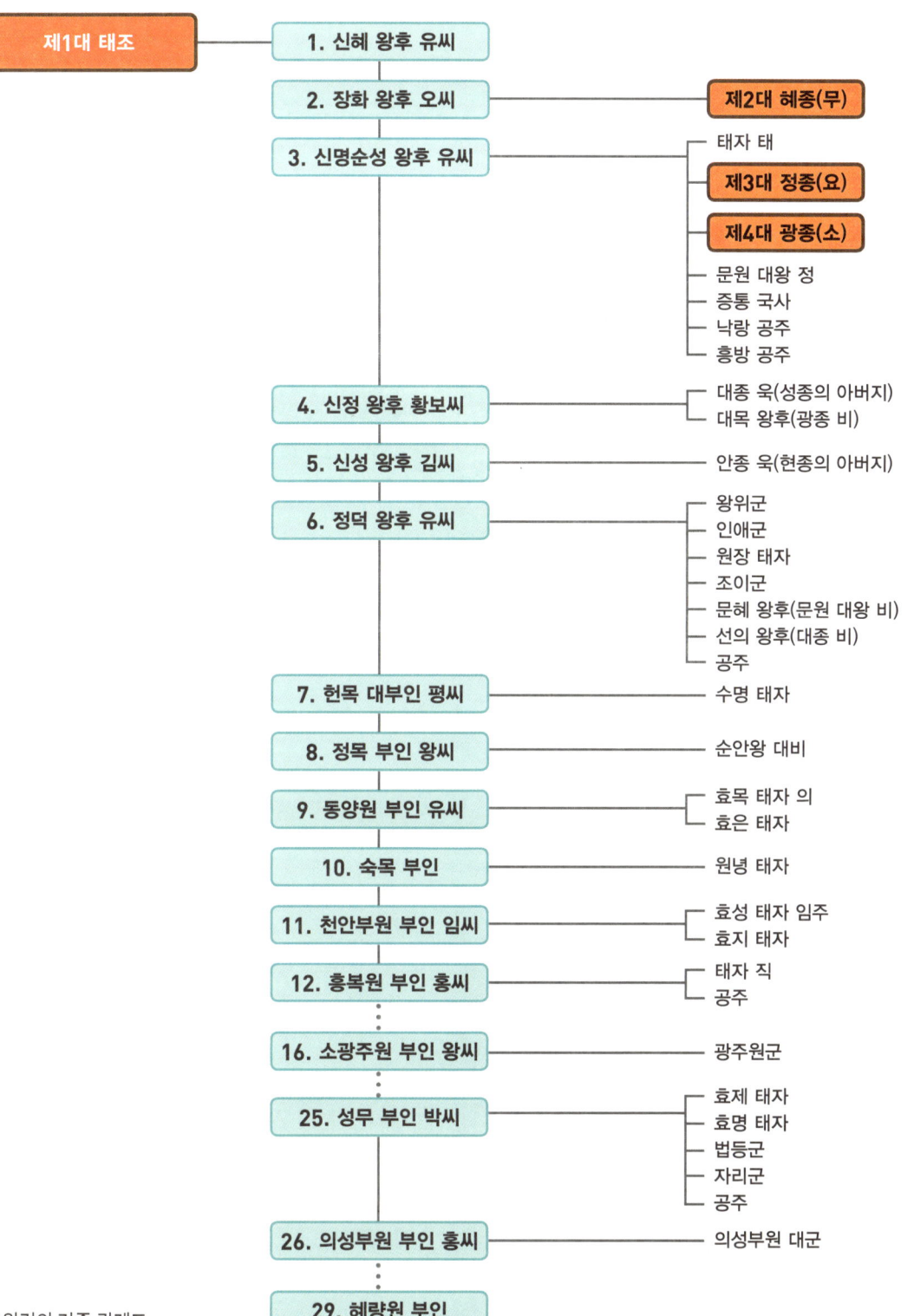

▶ 왕건의 가족 관계도

고종훈의 한국사 브리핑

인물 핵심 분석 ▶ 태조 왕건

QR 코드를 찍으면 고종훈 선생님의 강의를 볼 수 있어요.

시대 ▶ 877년~943년
재위 기간 ▶ 918년~943년
국정 운영 스타일 ▶ 따뜻한 태도로 모두를 감싸 안는다!
가장 기뻤을 때 ▶ 견훤이랑 신라랑 경순왕이 내게 자발적으로 항복했을 때
연관 검색어 ▶ 후삼국 통일, 고려, 궁예, 견훤
역사적 중요도 ▶ ★★★★★
시험 출제 빈도 ▶ 높음

왕건이 후삼국을 통일했어요.

왕건은 송악(개성)의 호족 출신이었어요. 처음에 왕건은 궁예의 부하로 들어가 나주를 획득하는 등 많은 공을 세웠습니다. 하지만 궁예가 나라를 난폭하게 다스리자 궁예를 몰아내고 왕이 되었으며, 후삼국을 통일하였습니다.

북진 정책과 민족 융합 정책을 펼쳤어요.

고려라는 나라 이름에는 고구려를 이상으로 생각하는 왕건의 생각이 깔려 있어요. 왕건은 옛 고구려의 영토를 획득하기 위해 북진 정책을 실시하였습니다. 그리고 민족 융합을 이루기 위해 후백제, 신라의 백성을 차별 없이 대하고, 발해의 유민까지 받아들였습니다.

정치와 민생을 안정시키기 위해 노력했어요.

왕건은 호족들을 자신의 편으로 끌어들이기 위해 그들의 딸과 결혼하는 정책을 펼쳤어요. 이로써 왕권이 안정되었지요. 또한 백성들의 세금을 줄여 주어 민생을 안정시키고자 하였습니다.

인물 관계 분석

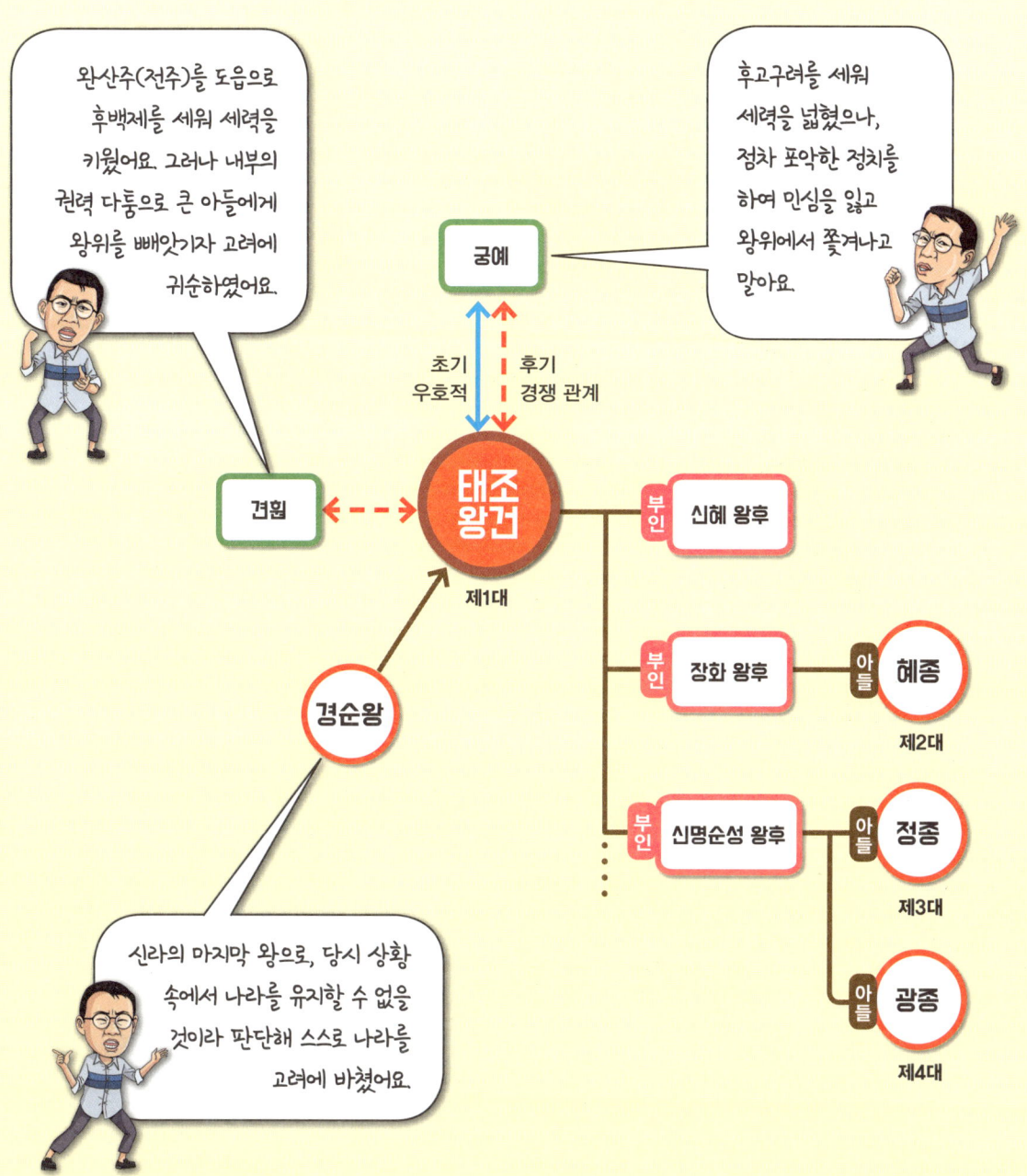

1 헤드라인 뉴스

광종, 7년간 발톱을 감추다

고려는 호족 세력을 기반으로 건국되었기 때문에 고려 왕들은 제대로 힘을 쓰지 못하고 있는 상황입니다. 왕건이 죽고 난 뒤 이러한 현실은 쉽게 해결되지 않고 있는데요. 그렇다면 4대 왕인 광종은 호족들을 견제할 능력이 있을까요? 김역사 기자가 전해 드립니다.

태조를 아버지로 두었으니 천하에 무서울 것이 전혀 없었겠다고요? 천만의 말씀입니다. 광종은 왕위에 오르기 전까지 호족들의 눈치를 보며 살았어요. 광종의 형들도 마찬가지였죠.

태조의 장남이자 고려의 2대 왕인 혜종은 권력 다툼의 틈바구니에서 2년 밖에 왕위를 지키지 못하고 세상을 떠났어요. 어머니 집안이 보잘 것 없었거든요. 고려는 호족들의 힘으로 세워진 나라였기 때문에 호족의 입김이 매우 셌고, 제아무리 왕이라도 호족의 지지가 없으면 힘을 쓰지 못했지요. 혜종은 태조의 장남으로서 왕위를 이어받긴 했지만 혜종을 반대하는 호족 세력과 이복동생들은 왕위를 빼앗기 위해 호시탐탐 기회만 엿보았어요. 혜종은 이들의 눈치를 보느라 잠조차 제대로 못 잘 지경이었습니다. 그러다 마침내 병을 얻어 죽고 말았지요.

고려의 제4대 왕인 광종은 태조의 넷째 아들로 태어났습니다.

김역사 기자

서경
지금의 평양

무산
흐지부지 취소됨.

　태조의 둘째 아들이자, 혜종의 뒤를 이은 정종의 사정도 별반 다르지 않았어요. 정종의 어머니는 충주 집안의 대호족 출신이었어요. 이 덕에 호족 세력의 위협을 덜 받긴 했지만 왕의 자리를 넘보는 자들은 여전히 득실거렸어요. 그래서 정종은 왕위를 지키기 위해 수도를 개경에서 **서경**으로 옮기려 했어요. 개경 세력들을 멀리하고, 자신을 지지하는 새로운 세력을 만들어 보고자 했던 거지요. 하지만 신하들의 강한 반대로 결국 **무산**되고 말았어요. 정종은 상심이 큰 나머지 점차 기운을 잃게 되었고 왕위에 오른 지 4년 만에 죽음을 맞이하게 되었어요.

　정종의 죽음에는 호족의 힘이 너무 강하고 왕권이 약했던 당시 상황이 크게 작용한 것이라 할 수 있어요. 고려의 호족들은 개국공신이라는 이유로 높은 벼슬을 얻었고 일부 호족들은 왕건의 혼인 정책으로 왕족이 되기도 했지요. 이러한 상황에서 왕위에 오른 광종은 다짐했어요.

　"내 형들은 권력 다툼의 희생양이 되어 죽었지만 난 형들과 같은 꼴을 절대 당하지 않을 테다. 왕의 권력을 그 누구보다 강하게 키워 그 어떤 호족도 나를 건드리지 못하게 할 거라고!"

　하지만 모든 일에는 때가 있는 법. 광종은 아직 호족에 맞설 힘이 부족했기 때문에 왕위에 오른 뒤 초기 7년 동안은 몸을 낮추고 기회를 엿보았어요. 먼저 호족에게 대항할 만한 힘을 키우는 것이 필요했지요. 그러는 한편 광종은 왕권을 강화하기 위한 방법과 제도를 열심히 연구했어요. 그 결과는 어땠을까요? 과연 광종은 효과적인 방법을 찾았을까요?

2 심층 취재

광종, 드디어 발톱을 드러내다

현재 고려의 평민과 노비들은 크게 들떠 있습니다. 그야말로 잔치 분위기인데요. 고려 정부가 새롭게 내놓은 정책 때문입니다. 하지만 사실 이는 광종의 왕권 강화를 위한 것에 가깝다는 데요. 과연 고려 정부가 내놓은 정책은 무엇이며, 또 그 파장은 어떠할지 알아보겠습니다.

노비안검법은 호족들이 부당하게 소유하고 있는 노비들을 **양인**으로 해방시켜 주는 제도입니다. 한마디로 호족들의 세력을 약화시키려는 정책이지요. 호족에게는 자신이 가지고 있는 넓은 땅을 경작할 노동력, 즉 노비가 무엇보다 중요한 재산이었거든요. 그런데 호족들이 거느리고 있는 노비의 대부분은 고려의 통일 전쟁 과정에서 포로로 붙잡힌 양인이거나, 호족의 강한 압력에 의해 노비로 전락한 사람들이었어요. 광종은 억울하게 노비가 된 사람들을 풀어줌으로써 양인의 수가 많아질 것을 노렸어요. 양인은 일반 백성으로 나라에 세금도 내고 군대에 갈 의무가 있지만 노비는 그렇지 않았거든요.

다시 말해 노비안검법을 실시하면, 호족의 경제적 기반은 약화되는 한편, 양인의 수가 늘어나 나라 살림이 넉넉해지고 왕을 위한 군사가 많

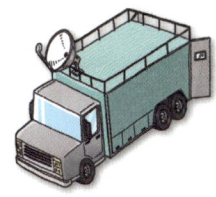

광종은 왕을 위협하는 호족 세력을 누르기 위해 노비안검법을 마련했습니다.

김역사 기자

양인(良人)
노비 등 천민이 아닌 일반 백성을 뜻해요.

장사진
많은 사람이 줄을 지어 길게 늘어선 모양을 이르는 말

아져 왕권이 절로 강화될 것이라는 판단이었죠.

　광종이 노비안검법을 발표하자 호족들은 거세게 반발했어요. 심지어 호족 출신의 대목 왕후가 나서서 광종을 말렸다고 하는데요. 광종은 끄떡도 하지 않았답니다. 심지어 노비안검법을 반대하는 호족들은 누구도 가리지 않고 죽일 것을 명령했어요.

　광종의 발표 후, 고려의 관리들은 노비안검법 실시를 위해 집집마다 돌아다니며 노비들을 조사하고 노비 문서를 살폈어요. 이들의 신분을 조사해 전에 양인이었던 자를 해방하려는 것이었지요.

　풀려난 노비들은 관청으로 가 양인 신고를 했지요. 신고를 하기 위한 줄이 **장사진**을 이루었다고 해요. 결국 호족들의 개인 재산은 줄어줄고, 힘은 약해질 수밖에 없었지요.

　광종은 여기서 그치지 않고 왕권 강화를 위한 두 번째 정책을 실시했다고 하는데요. 이에 대해 광종의 신하 쌍기 님을 모시고 자세히 알아보겠습니다.

먼저 자기 소개 부탁드립니다.

쌍기

니하오~. 중국 후주에서 온 쌍기라고 해요. 저는 중국 사신의 자격으로 고려에 오게 되었는데, 그만 병이 드는 바람에 돌아가지 못하고 고려에 머물게 되었어요. 그러던 중 광종과 정치에 관해 대화를 나눌 기회가 있었지요. 이때 광종은 저의 능력을 한눈에 알아보시고 신하로 삼으셨어요. 후주는 왕권 강화에 성공한 나라였기 때문에 제가 후주에서 쌓은 경험이 도움이 될 거라 판단하신 거죠.

저는 관리로 임명된 뒤, 광종에게 호족들을 견제할 새로운 방법으로 과거제를 제안했어요. 과거제는 집안이 좋고 나쁨에 관계없이 능력에 따라 관리가 될 수 있는 제도예요. 즉 실력을 인정받아야 관리가 될 수 있는 것이랍니다. 지금 뉴스를 시청하고 계신 여러분도 관심을 가지고 과거에 도전해 보세요. 쨔요!

그런데 과거제가 어떻게 왕권 강화에 도움이 되는 겁니까?

쌍기

앞서 말씀드렸듯이 과거제를 실시한다면 집안의 배경보다는 자신의 실력으로 관직에 진출할 수 있는 길이 넓어지겠죠? 이렇게 되면 관직에 진출하지 못한 귀족 집안은 점점 쇠락의 길을 걸을 테지요. 과거 시험에 합격하여 관리가 된 사람들은 광종의 뜻에 따르는 충성스런 신하가 될테고요. 바로 이 점이 과거제를 실시한 주된 목적이라고 볼 수 있어요. 즉, 노비안검법이 호족의 경제적 기반을 약화시키기 위한 것이었다면, 과거제는 귀족들의 정치적 기반을 약화시키는 데 그 목적이 있는 것입니다.

광종은 호족보다 자신에게 충성하는 관리가 절실히 필요하다고 보고 있어요. 호족은 왕권을 위협하는 존재라고 생각하고 있거든요.

새로 시행되는 과거제가 어떤 식으로 치러지는지 궁금해 하는 백성들이 많을 텐데요. 이 자리에서 설명을 해 주시겠습니까?

쌍기

여러 종류의 시험을 치르고 여러 종류의 관료를 뽑지요. 관료가 되고 싶은 분은 멋진 문장을 쓰는 능력과 국가 정책에 대한 견

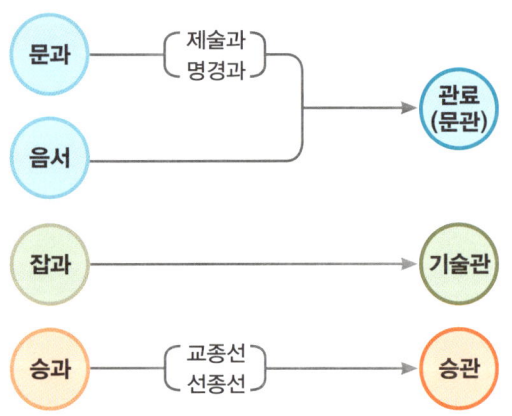

▲ 고려의 과거제

음서 제도
고려 시대에 높은 벼슬을 한 관리의 자제를 과거를 통하지 않고 관리로 채용하던 제도

해를 평가하는 제술과 또는 유교 경전의 해석 능력을 묻는 시험인 명경과를 치르세요. 또 법률이나 의학, 지리 등 실용 기술이 있는 분은 잡과에 응시하여 전문직 관리가 될 수 있어요. 혹시 높은 승려가 되고 싶으신 분 있나요? 그럼 승과 시험을 치르세요.

이제 개천에서도 용이 나는 시대가 와야 하지 않겠습니까? 실력으로 인정받은 관료들이 광종을 도와 정치를 한다면 고려는 더 살기 좋은 나라가 될 것입니다.

왕족이나 높은 관직의 자손에게 관리가 될 수 있는 특혜를 주는 **음서 제도**는 남아 있습니다. 호족들의 관직 진출이 아예 막힌 것은 아니랍니다.

그럼 마지막 질문 드리겠습니다. 광종은 제도를 개혁하는 과정에서 자신의 명령을 따르지 않는 자가 있으면 모조리 사형에 처할 것을 지시했다고 알려져 있습니다. 이 점에 대해서는 어떻게 생각하십니까?

쌍기

어쩔 수 없는 선택이었다고 생각합니다. 광종이 즉위하던 시기에는 호족들이 왕의 자리를 넘보며 왕의 권력을 위협하는 일이 자주 일어났어요. 광종의 형들도 왕위 다툼의 희생자였죠.

네, 쌍기 님의 말씀 잘 들었습니다. 과거제 시행으로 기존의 권력층은 점점 그 수가 줄어들 것으로 예상됩니다. 이로써 광종은 왕권 강화에 한 발 더 다가서게 되겠군요.

 36 광종 | 왕권을 강화하다

스페셜뉴스 - 현장 브리핑

광종에게 재산과 권력을 빼앗긴 호족들의 마음은 어땠을까?

 광종의 왕권 강화 정책 이후 호족들의 불만은 이만저만이 아니라고 하는데요. 그도 그럴 것이 광종의 정책들은 호족을 겨냥해 만든 것이었습니다. 과연 호족들은 광종이 시행한 제도에 대해 어떤 평가를 하고 있는지, 또 그 마음은 어떠한지 들어 보겠습니다.

 호족 김부자 기자 양반, 내가 지금 광종 때문에 손해 본 재산이 대체 얼만지나 아슈? 내가 저 노비들을 모으느라 얼마나 힘들었는데 하루아침에 양인으로 돌려놓다니. 이건 너무하잖아!

내가 정말 억울해서 못살겠네. 고려가 기반을 잡은 게 다 누구 때문인데? 호족의 협조가 없었으면 고려도 없었어! 고려의 개국공신들을 이렇게 무자비하게 내쳐도 무사할 것 같아? 배은망덕이 따로 없군! 그나저나 재산을 잃었으니 호족 세력이 힘을 잃는 건 정말 시간 문제야. 정말 큰일이라니까.

 호족 최고야 얌전한 고양이 부뚜막에 먼저 올라간다고, 왕위에 오른 지 7년 만에 이렇게 과감한 개혁을 시도할 줄이야! 책이나 보며 조용히 지내는 줄 알았더니, 이런 식으로 호족들의 뒤통수를 칠 줄 꿈에도 몰랐어! 내가 노비안검법까지는 그럴 수도 있다 생각했어. 어차피 합당한 방법으로 노비들을 모은 게 아니니까 말이야. 그런데 그것도 모자라 과거제를 시행한다니! 여태껏 집안 배경 믿고 팽팽 놀기만 하던 우리 자식들은 어떻게 하라는 거지?

이처럼 호족들은 자신들의 정치·경제적 기반이 무너지는 것에 대해 엄청난 불만을 가지고 있는 것으로 나타났습니다. 호족들이 과연 광종의 정책에 순응하며 살아갈지, 자신들이 득세하던 시대로 돌아가기 위해 칼을 뽑아 들지 주목되는군요.

스페셜 뉴스 비하인드 뉴스

그것이 알고 싶다. 광종이 이복 동생과 결혼한 이유는?

김역사 기자

혜종, 정종과 달리 광종은 특이하게도 족내혼을 했어요. 족내혼은 같은 씨족 안에서 배우자를 구하는 혼인으로, 신라 왕족의 풍습에 따른 것이지요. 족내혼은 광종의 아버지인 태조의 의도였다고 해요. 그렇다면 광종은 어떻게 해서 자신의 동생과 결혼을 하게 되었는지 그 속내를 파헤쳐 보겠습니다.

광종의 첫 번째 부인은 대목 왕후 황보 씨로 자신의 이복 동생이에요. 두 번째 부인도 사촌 동생이었죠. 경화궁 부인 임씨라고 불렀어요.

광종의 족내혼은 사실 광종보다 광종의 아버지인 태조의 계산된 의도였어요. 아시다시피 고려 초기에는 왕의 권력이 외척, 그러니까 어머니의 친척 쪽 그늘에서 벗어날 수가 없었어요. 태조가 호족 세력을 통합하고 나라의 안정을 꾀하기 위해 지방 호족의 딸들과 혼인하였기 때문이지요. 하지만 외척이 너무 강하다보면 왕은 허수아비 신세가 될 것이 불 보듯 뻔한 일이었어요.

태조는 왕권이 호족 세력에 의해 좌지우지되어서는 안 된다고 생각했습니다. 실제로 광종의 친형인 정종과 이복형인 혜종은 왕이 된 지 얼마 되지 않아 죽었는데, 이는 왕권보다 외척이 힘이 너무 세었기 때문이었지요.

고민 끝에 태조는 광종을 이복동생과 결혼시켰어요. 그리하여 광종의 첫 번째 부인이 된 대목 왕후 황보씨는 호족 출신이지만 광종과 부부가 되었으니, 감히 왕권을 위협하지 않으리라고 본 거죠. 불상사가 일어날 경우를 대비해 손을 쓴 것입니다. 그러나 대목 왕후는 황보씨 호족 세력이 버티고 있었기 때문에 외가의 편을 들어줄 수밖에 없었어요. 대목 왕후가 광종의 정책인 노비안검법을 강하게 반대한 것도 자신의 친정인 외척 세력 때문이었답니다.

고려 왕실의 족내혼을 지금의 시각으로 보면 좀 이해가 안 되지요? 하지만 옛날에는 이런 일들이 흔했어요. 특히 출생 신분이 사회에서 강한 힘을 발휘할수록 족내혼이 자주 나타나지요.

예를 들어 신라에는 골품제라는 엄격한 신분제가 있었어요. 골품제에서 왕족은 성골, 귀족은 진골, 6두품, 5두품, 4두품으로 나뉘었죠. 왕은 왕족인 성골만이 할 수 있었어요. 아무리 성골이라도 부모 중 한 명이 진골이라면 왕위 계승에서 멀어졌지요. 그래서 신라에서도 성골이라는 높은 신분을 유지하기 위해 조카가 삼촌과 결혼하거나 사촌 간에 결혼하는 일이 자주 있었어요.

고려의 족내혼은 시간이 지나면서 차츰 없어졌어요. 그렇다고 아예 사라진 것은 아니지만 고려 초와 같은 극단적인 형태의 족내혼은 없었지요. 그래도 고려 왕실의 공주들은 왕실 사람들하고만 결혼했어요. 이는 왕실의 권력과 재산이 흩어지는 것을 막기 위한 조처였던 것으로 여겨집니다.

시간이 흘러 유교 사상이 생활 속에 차츰 자리 잡으면서 족내혼은 사라지게 됩니다. 지금은 찾아보기 어려운 족내혼은 우리나라뿐 아니라 서양이나 동양의 고대 사회에서도 흔히 있었던 일이니 오늘날의 잣대로만 평가하는 것은 무리겠지요?

광종은 자주적 개혁 군주였을까, 난폭한 군주였을까?

광종은 왕권을 강화하기 위해 여러 제도를 개혁하는 과정에서 자신의 명령을 따르지 않는 자가 있으면 가차 없이 처단했어요. 제아무리 공이 많은 신하라도 예외는 아니었습니다. 이러한 광종의 극단적인 선택은 개혁을 성공시키기 위해 불가피한 것이었을까요? 여러분은 이와 같은 광종의 행동에 대해 어떻게 생각하십니까?

우선 광종의 극단적인 조치에 대해 어떻게 생각하시는지 말씀해 주시겠습니까?

김호족

어떤 경우에도 자신의 뜻과 같지 않다고 해서 다른 사람의 목숨을 빼앗는 일은 절대 안 됩니다. 찬성하는 신하가 있으면 반대하는 신하도 있는 법 아니겠습니까? 포용력 있는 왕이 되어야 합니다. 자신의 의견과 맞지 않다고 모조리 몰아내 버리면 결국 아첨을 일삼는 신하만 곁에 남게 될 것입니다.

나백성

저는 어쩔 수 없는 선택이었다고 생각합니다. 광종이 즉위하던 시기에는 호족들이 왕의 자리를 넘보며 왕권을 위협하는 일이 자주 일어났습니다.
　광종의 형들도 왕위 다툼의 희생자였죠. 이에 광종은 과격한 방법만이 자신의 왕권을 강화시킬 수 있는 길이라고 판단했던 겁니다. 물에 물탄 듯 술에 술탄 듯 하는 태도로는 변화를 이끌어 낼 수 없을 것이라고 생각하지 않았을까요?

광종의 개혁에 대해서는 어떻게 생각하십니까?

시청자 의견　▶ [@생생이] 과유불급! 너무 지나쳐도 안 좋아.　▶ [@한국이] 극약 처방이라는 말도 있잖아. 방법이 없을

40　광종 | 왕권을 강화하다

김호족 어떤 정책을 추진할 때 강하게 밀어붙이는 것도 왕으로서 마땅히 갖춰야 할 자질이지만 서두르지 않고 차분히 시행하는 것도 중요하다고 봅니다. 광종의 개혁은 너무 급하게 진행되었어요.

나백성 호족들이 어디 보통 세력입니까? 만약 천천히 진행했다면 호족들이 과연 가만히 있었을까요? 왕위 계승에도 뛰어들어 왕을 죽이네 살리네 하는 판인데, 개혁을 성공시키려면 빠르게 밀어붙여야 하지 않았을까요?

후대의 사람들은 광종의 개혁에 대해 어떻게 평가할 것이라 생각하십니까?

김호족 너무 급진적으로, 또 너무 많은 것을 호족들에게서 빼앗아가니 당연히 반발이 있지 않겠습니까? 왕실 사람들마저 왕권 강화에 반대된다며 죽이고, 수많은 호족들을 감옥에 가두어 감옥이 모자랄 지경이었잖아요. 이 사람들 중에 억울하지 않은 사람이 어디 있었겠습니까?
　광종의 아들인 경종이 왕위에 오르자 억울한 사람들이 서로서로를 고소하였어요. 그러니 나라가 제대로 돌아갔겠습니까? 제발 후대에는 이런 일이 없었으면 합니다.

나백성 양지가 있으면 음지도 있는 법! 광종의 개혁이 과격하다고 하지만 그 덕에 고려가 튼튼한 기반 위에 서고, 중국과도 대등한 외교 관계를 맺으며 발전을 거듭할 수 있었다고 봅니다. 호족에게야 난폭한 왕이었겠지만 백성에게는 개혁적인 왕이었어요.

시청자 여러분 광종의 행동이 옳았다고 보십니까?
아니면 어떤 경우에도 극단적인 정책을 써서는 안 된다고 보십니까?
여러분의 의견은 어떠신가요?

▶ [@나잘난] 모든 사람에게 좋은 사람은 없지! 어떤 측면을 중요하게 보느냐에 따라 의견이 나뉘는 건 당연!

 고종훈의 한국사 브리핑

인물 핵심 분석 ▶ 광종

QR 코드를 찍으면 고종훈 선생님의 강의를 볼 수 있어요.

시대 ▶ 925년~975년
재위 기간 ▶ 949년~975년
국정 운영 스타일 ▶ 힘을 길러 내가 원하는 것을 이루어낸다!
나의 목표는? ▶ 왕권이 강한 나라로 만들겠다.
연관 검색어 ▶ 노비안검법, 쌍기, 과거제 도입
역사적 중요도 ▶ ★★★★★
시험 출제 빈도 ▶ 높음

호족들의 힘이 세어 왕권이 위태로웠어요.

왕건이 아들을 많이 남기고 죽었기 때문에 외척이 된 호족 세력은 서로 자신의 가문에서 왕을 만들고자 했어요. 이에 따라 왕위 다툼은 계속되었고 왕권이 불안해졌어요. 태조의 넷째 아들로 왕이 된 **광종은 왕권을 안정시키고 호족 세력을 약화시키고자 하였습니다.**

노비안검법을 시행했어요.

광종은 호족들의 힘을 빼앗기 위해 호족들이 부당하게 소유하고 있는 **노비들을 일반 백성인 양인으로 되돌려주었습니다.** 양인은 노비와는 달리 세금을 내고 군대에 갈 의무를 지기 때문에 양인의 수가 늘어나면 국력이 커질 수 있었어요. 더불어 왕권도 강화할 수 있었어요.

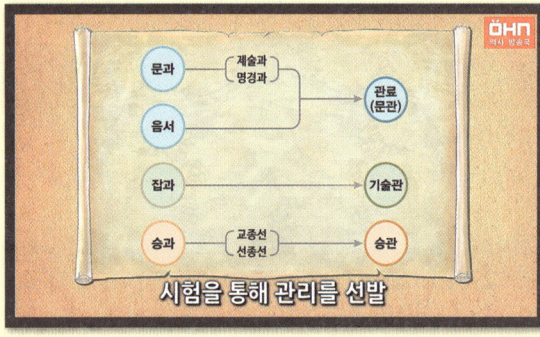

과거제를 실시했어요.

과거제는 출신 집안과 상관없이 시험을 치러 실력 위주로 관리를 뽑는 제도예요. **과거제 실시로 실력으로 진출하지 못한 귀족 가문의 정치적 기반을 빼앗을 수 있었어요.** 또한 독자적인 연호를 사용해 왕권을 강화하고자 노력했지요.

인물 관계 분석

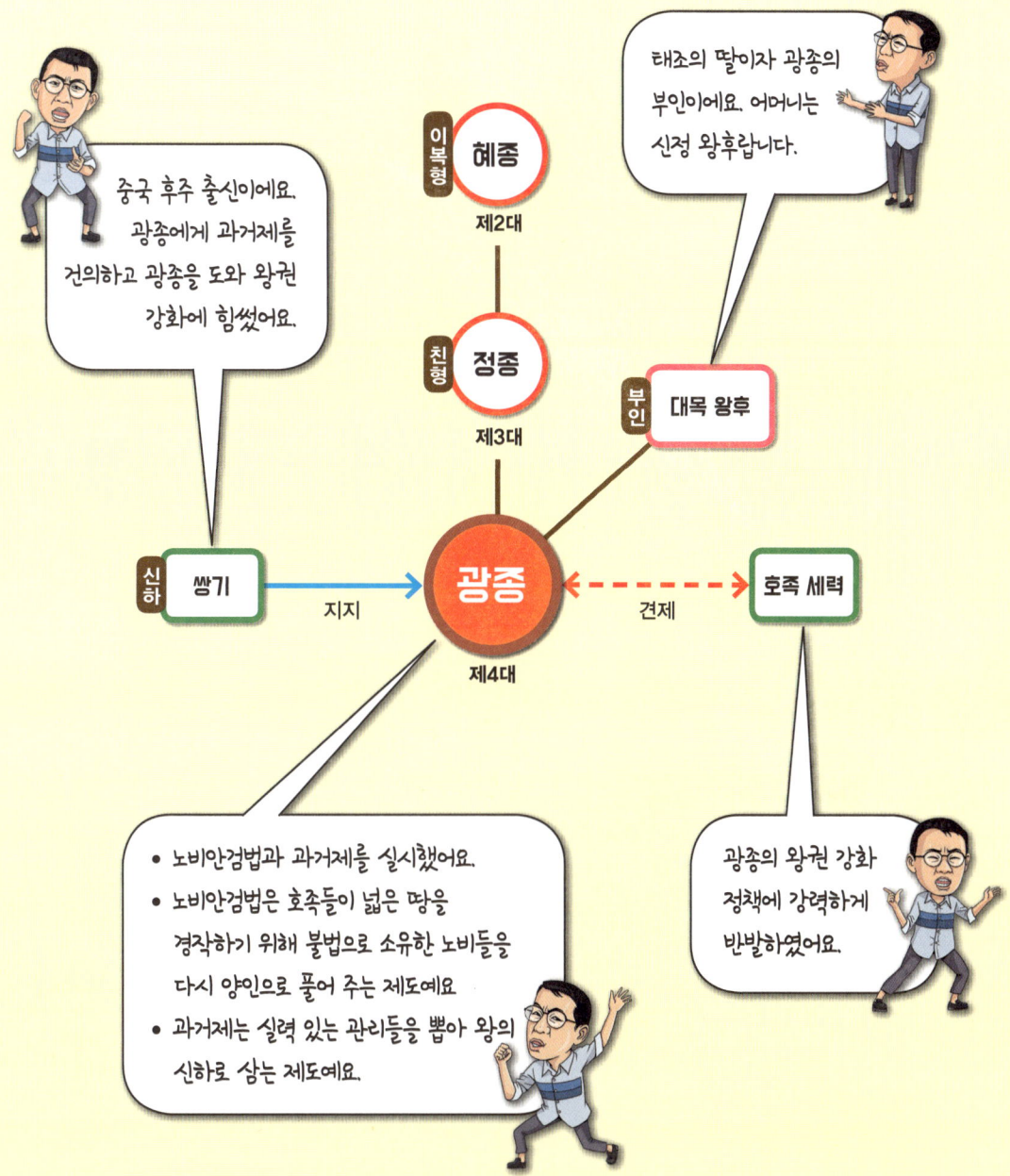

1 헤드라인 뉴스

성종, 유교를 통치 이념으로 삼다

고려의 6대 왕은 성종이 차지했습니다. 성종은 사실 핏줄보다는 실력으로 왕위에 오른 인물이라고 할 수 있는데요. 이번 뉴스 시간에는 그가 어떻게 해서 왕이 될 수 있었는지, 또 성종이 표방하는 정치는 무엇인지 알아보겠습니다. 김역사 기자가 전해드립니다.

고려의 5대 왕은 경종이었습니다. 그런데 그가 세상을 떠날 무렵 그의 아들은 겨우 2살에 불과했어요. 그래서 경종은 자신의 아들을 대신해 왕위를 이을 만한 새 인물을 찾아야 했지요. 이때 왕실 세력들은 경종의 사촌인 성종을 적극 지지했어요. 성종은 백성을 위하는 마음이 남달랐고 성품이 뛰어났거든요. 경종도 일찍부터 성종의 됨됨이를 알고 있던 터라 선뜻 왕위를 물려주었어요. 이때 성종의 나이는 22세였지요.

고려의 6대 왕이 된 성종은 이전의 왕들과 다른 새로운 정치를 실현하기 위해 힘을 쏟았어요. 그의 새로운 정치란 유교를 바탕으로 나라를 다스리려 한 것이었지요. 사실 성종은 어느날 갑자기 유교 사회를 만들기로 결심한 것은 아니었어요. 성종은 왜 그런 결심을 하게 된 것일까요?

고려에서는 광종 때 실시한 과거제의 영향으로 유교가 널리 알려졌어

> 성종은 태조의 아들인 대종의 둘째 아들로 태어났습니다.

김역사 기자

요. 이 덕분에 성종은 수많은 경전을 읽게 되었고, 높은 유교적 소양을 갖추게 되었지요. 이러한 분위기에서 자라난 성종은 '왕권을 강화하는 데 큰 역할을 하는 것은 바로 유교'라고 판단했어요.

유교는 '충(忠 : 충성 충)'과 '효(孝 : 효도 효)' 사상을 강조했는데, 이것은 성종의 입장에서 보면 여간 **구미가 당기는** 사상이 아니었답니다. 성종은 효와 충을 연결시키며 다음과 같은 말을 남겼어요.

구미가 당기다
욕심이나 관심이 생긴다는 뜻

> 배우지 못한 시골의 백성들도 효도를 다하는데,
> 벼슬하는 신하가 효를 게을리하는 것은 말이 되지 않는다.
> 효자는 반드시 충신이 될 수 있을 것이니,
> 모든 관리와 백성들은 내 말을 잘 기억하라.

유교에서의 충과 효는 부모에 대한 것이기도 하지만 나아가 나라와 왕에 대한 것이기도 해요. 따라서 성종은 충과 효를 강조하면 왕권이 강화되고, 나라는 절로 안정될 것이라 믿고 유교 정치를 펼치기로 했던 거예요.

이러한 성종에게는 '최승로'라는 유능한 신하가 있어 자신의 뜻을 더 잘 펼칠 수 있었어요. 최승로는 성종의 오른팔이라 불린 인물로, 성종이 유교를 통치의 근본이념으로 삼고 여러 제도를 마련하는 데 큰 역할을 하였어요. 그런데 시청자 여러분, 성종의 유교 정치는 과연 어떻게 전개되었을까요? 이에 대한 더 자세한 내용은 다음 인물 초대석 시간에 이어서 전해 드리겠습니다.

2 인물 초대석

생방송한국사

고려 사회의 기본 제도를 만든 성종

성종은 강화된 왕권을 바탕으로 통치 체제를 정비하였습니다. 그 결과 여러 방면에서 새로운 제도들이 만들어져 고려 사회의 뼈대가 갖추어졌다고 할 수 있겠습니다. 오늘 인물 초대석 시간에는 성종을 모시고 자세한 이야기를 들어보겠습니다.

안녕하시오. 성종이올시다. 이제부터 내가 만든 새로운 제도에 대해 이야기를 할 테니 채널 고정하시길 바라오.

성종

우선 내가 가장 정성을 쏟은 교육 제도부터 말하리다. 고려 귀족들은 굳이 유교를 공부하지 않아도 관리가 될 수 있지 않았소? 이 때문에 유교에 대한 필요성을 못 느꼈지만 난 달랐소. 왕의 권력을 강하게 하기 위해서는 유교가 꼭 필요했다오. 그래서 충성스럽고 실력 있는 관리를 길러내기 위해 개경에 국자감을 설치했소. 참고로 국자감의 '국자(國子)'는 나라의 아들이라는 의미라오.

그리고 지방에는 향교를 세웠다오. 이러한 제도들은 대대적인 유교 분위기를 조성하기 위해서였소. '맹모삼천지교'라는 말 아시오? 사람은 환경에 따라 변하기 마련이지요.

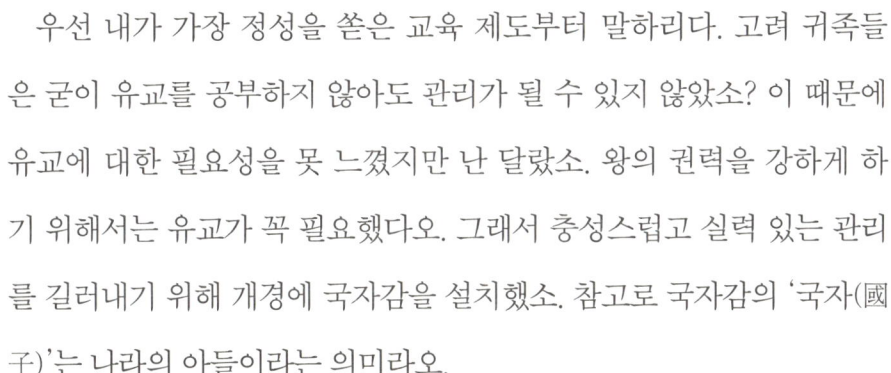

맹모삼천지교
맹자의 어머니가 아들의 교육을 위해 세 번이나 이사를 하였음을 이르는 말

유교에서 중요시 하는 충효를 통치의 기본으로 삼으면 충성스런 신하를 기를 수 있고, 자연스럽게 왕권이 강화될 수 있소. 또 과거제를 거의 매년 실시했소. 나라에 도움이 되는 인재를 더 많이 선발하기 위해서였지요.

네, 정말 정성을 많이 쏟으셨군요. 제가 듣기론 중앙 및 지방 정치 제도에도 심혈을 기울이셨다고 하는데요. 자세한 설명 부탁드리겠습니다.

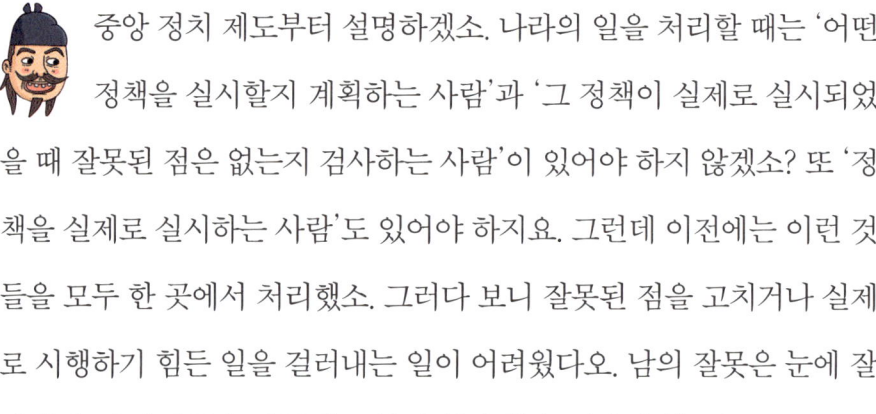 중앙 정치 제도부터 설명하겠소. 나라의 일을 처리할 때는 '어떤 정책을 실시할지 계획하는 사람'과 '그 정책이 실제로 실시되었을 때 잘못된 점은 없는지 검사하는 사람'이 있어야 하지 않겠소? 또 '정책을 실제로 실시하는 사람'도 있어야 하지요. 그런데 이전에는 이런 것들을 모두 한 곳에서 처리했소. 그러다 보니 잘못된 점을 고치거나 실제로 시행하기 힘든 일을 걸러내는 일이 어려웠다오. 남의 잘못은 눈에 잘 띄지만, 자기 잘못은 아무래도 찾기 쉽지 않은 법이지 않소?

그래서 나는 이전보다 쉽고 전문적으로 나라의 일을 결정하고 시행할 수 있는 기구를 만들기로 했소이다. 그런데 이런 제도는 당에 벌써 있었소. 바로 3성 6부제라는 것이었소. 그래서 나는 당의 제도인 3성 6부제를 받아들였다오.

3성 6부제를 좀 더 자세히 설명해 주시겠습니까?

3성이란 정책의 기초를 세우는 '중서성', 정책을 심사하는 '문하성', 결정된 정책을 실제로 행하는 '상서성'을 합쳐 부르는 말이오. 3성이 각자 할 일을 나눠 좀 더 효율적이고 체계적으로 일을 할 수

 48 성종 | 유교 정치가 자리 잡다

있게 한 거요. 그리고 상서성 아래에 6부를 두어 정책을 집행하였소. 6부란 이부(관리)·병부(군사)·호부(재정)·형부(법률)·예부(교육)·공부(토목 부서)를 가리킨다오.

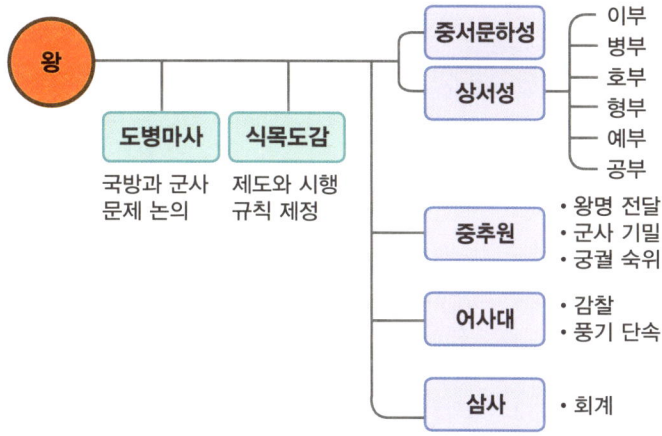

▲ 고려의 중앙 정치 기구

중국 것을 그대로 따라한 것은 아닌가요?

 당의 3성 6부제를 모방하긴 했지만 완전히 똑같이 따라한 것은 아니오. 나도 자존심이 있는 사람이외다. 당연히 고려의 형편에 맞게 고쳐 2성 6부로 운영하였소. 최고 관서인 중서문하성에서 국가 정책을 건의하고 결정하고, 상서성에서는 6부를 통해 정책을 집행하게 하였소. 특히 국방을 담당하는 병부에는 더 힘을 실었지. 중국의 북쪽에서 거란이 성장하고 있었는데 이 거란이 요를 세우고 고려를 위협하고 있는 상황이었거든.

지방 제도도 손보셨다고 들었는데요.

 맞소. 지방 제도의 핵심은 12목 설치라오. 12목은 지방 행정 조직을 말하오. 교통이 편리한 지역에 12목을 설치하고 중앙에서 직접 지방 관리를 파견했다오. 지방 관리의 파견은 정말 신의 한수라고 불릴 만한 일이었지. 지방 호족의 힘이 커지는 것을 억누르는 동시에 왕의 권한을 지방에까지 미치게 할 수 있는 제도였거든. 사실 말이오, 내가

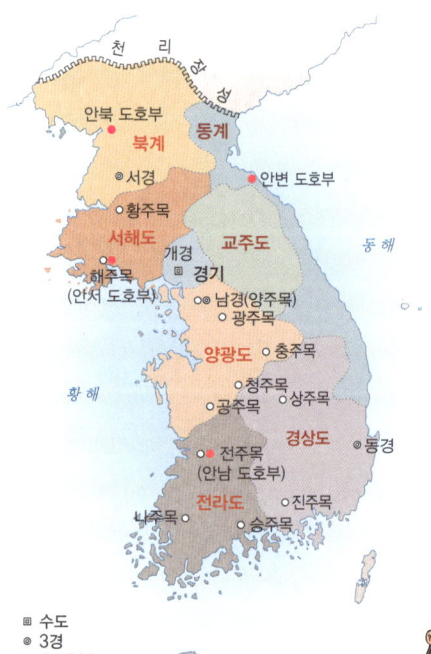

▲ 5도 양계

12목을 설치한 것은 호족을 견제하기 위한 목적이었소. 12목 설치 후 나의 의견은 바로 지방의 관리에게 전달될 수 있었소. 그리고 지방의 관리들도 나에게 마을의 문제점이나 생활 모습을 거짓 없이 보고할 수 있었다오. 이로 인해 그 지역을 다스리던 호족의 힘은 자연스레 약화되었지. 하하하! 내가 생각해도 정말 만족스러웠소.

그럼 마지막으로 5도 양계에 대해 설명해 주시겠습니까?

 알겠소. 나는 또 전국을 '5도'와 북계, 동계의 '양계'로 나누었다오. 기자 양반은 양계의 양(兩)이 어떤 뜻인지 아시오? 둘이란 뜻이라오. 계(界)는 경계라는 뜻이라오. 뜻을 알면 이해하기 쉽거든. 이제 다시 본론으로 들어가겠소. 양계 두 곳 모두 나라를 지키는 변방에 위치하고 있지 않소? 이것만 봐도 양계가 군사적 기능을 담당한다는 것을 짐작할 수 있을거요. 양계는 거란이나 여진 등 북방 민족의 침입을 막기 위한 행정 구역이라오.

5도는 행정적인 기능을 담당했다오. 5도 안에는 주·군·현 등의 고을이 있었으며 **안찰사**까지 파견했소. 정말 체계적이지 않소?

안찰사
고려 시대에 각 도의 행정을 맡아보던 으뜸 벼슬을 이르는 말

네, 성종의 말씀 잘 들었습니다. 고려는 성종 대에 이르러 각종 정치 제도의 틀이 만들어졌군요. 이를 바탕으로 고려가 더욱 발전하기를 기대합니다.

스페셜뉴스  취재 수첩

경기도는 언제부터 경기도라고 불렸을까요?

김역사 기자

우리나라에서 '도(道)'라는 개념은 언제 생겨났을까요? 바로 고려 성종 때입니다. 성종은 12목 설치 후, 다시 전국을 5개의 도(道)와 양계, 경기로 나누었답니다. 우리나라에서 처음으로 도가 나타난 것이죠. 이때 '경기'라는 이름도 나타났는데요. 현재 '경기도'의 시초가 되었어요. 그럼 '경기'는 무슨 뜻일까요?

성종은 지방 조직을 새로 정비하면서, 왕이 거주하는 도읍(개경)과 그 주변 지역을 특별 구역으로 만들었어요. 왕실을 보호하고, 왕실과 관청의 정비를 지원하는 역할을 맡기기 위해서였지요. 이 지역이 '경기'예요.

성종은 도읍 개성을 개성부(府: 관청 부)로 고치고 그 아래에는 경현(京縣)과 기현(畿縣)을 두었어요. 이것은 중국의 당에서 왕이 사는 곳의 주변 지역을 경현(京縣)과 기현(畿縣)으로 나누어 통치했던 데서 비롯된 것이에요. 도읍과 가까운 지역을 '경현', 경현과 가까운 고을을 '기현'이라고 했어요.

여기서 경기라는 이름이 나타났는데요. '경현'과 '기현'의 앞 글자를 각각 가져온 것이에요. 이때만 해도 경기도는 경기도에서 '도'자를 뺀 경기로 불렸지요. 그러다 8대 왕 현종 대에 이르러 다시 지방 제도가 정비되어 도읍과 경기가 나뉘게 되었어요. 경기는 이때 비로소 도읍에서 떨어져 나와 독립한 것이죠. 경기는 처음에는 왕이 있는 도시를 중심으로 주변에 있는 땅을 가리키다가, 점차 시간이 지나면서 도읍을 둘러싸고 있는 주변 지역을 일컫는 뜻으로 사용된 것이죠.

이후에도 경기는 몇 차례의 변화를 겪으며 토지가 점점 넓어져 마침내 1390년에는 오늘날과 비슷한 형태를 가지게 되었습니다. 현재 경기도는 서울과 인천을 둘러싸고 있는 행정 구역으로, 우리나라 서쪽 중앙에 위치해 있어요.

'목이 좋다'라는 말이 12목에서 유래되었다고요?

성종은 지방을 효과적으로 다스리기 위해 교통이 편리한 지역에 12개의 목(牧)을 설치했어요. 12목은 양주·광주·충주·청주·공주·해주·진주·상주·전주·나주·승주·황주로 이곳에는 지방관을 파견했지요. 앞서 말했듯 12목의 설치는 왕이 지방관을 파견하여 직접 통제하고 감독하겠다는 의도에서 마련되었어요. 목(牧)은 오늘날의 광역시라고 생각하면 돼요.

목(牧)은 주로 해로와 수로 가까이에 있는 지역에 설치되었어요. 이는 백성들이 낸 세금 수송을 편리하게 하기 위해서였답니다. 고려 시대에는 쌀이 화폐처럼 이용되었는데, 가을이 되면 백성들은 추수한 쌀로 세금을 냈어요. 전국 각지에 살고 있던 고려 사람들은 12목에 쌀을 바쳤고, 12목은 이것을 물길이나 바닷길을 이용해 서울로 운반했어요.

이때부터 '목(牧)'이라는 말이 사용되기 시작했는데, 시간이 흐르면서 교통이 좋은 곳을 일컫기도 했어요. 그러던 것이 점차 의미가 넓어져 오늘날에는 '길의 중요한 통로가 되는 곳'이라는 뜻으로 쓰이고 있답니다. 오늘날 우리가 흔히 쓰는 '목이 좋다'라는 말도 12목에서 나온 말이라고 보면 된답니다.

성종 | 유교 정치가 자리 잡다

 고종훈의 한국사 브리핑

인물 핵심 분석 ▶ 성종

QR 코드를 찍으면 고종훈 선생님의 강의를 볼 수 있어요.

시대 ▶ 960년~997년
재위 기간 ▶ 981년~997년
국정 운영 스타일 ▶ 유교로 나라를 다스린다.
나의 속마음 ▶ 유교로 왕권을 강하게 해야지.
연관 검색어 ▶ 유교, 제도 정비, 2성 6부, 12목, 5도 양계, 경기
역사적 중요도 ▶ ★★★★☆
시험 출제 빈도 ▶ 높음

유교를 정착시키고 제도를 정비하였어요.

성종은 유교를 정착시켜 왕권을 강화하고자 했어요. 또한 성종 때 많은 제도가 정비되었어요. 당의 3성 6부제를 받아들여 고려의 실정에 맞게 2성 6부로 운영하였으며 지방에도 교통의 요지에 12목을 설치하여 관리를 파견하고 전국을 크게 5도 양계, 경기로 나누었습니다.

인물 관계 분석

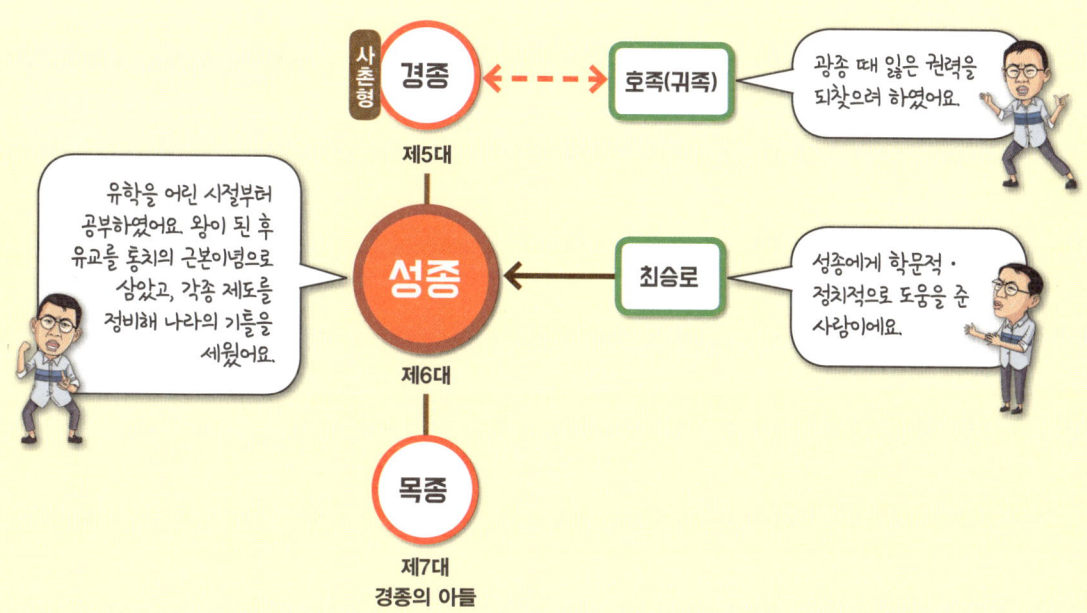

04 최승로

시무 28조를 올리다

시대 927년~989년

타임라인 뉴스

927 최은함의 아들로 태어나다

982 시무 28조를 성종에게 바치다

983 과거 시험을 주관하다

988 성종에게 여러 번 사퇴 의사를 밝히다

989 사망하다

1 헤드라인 뉴스

생방송한국사

성종의 오른팔이 된 최승로

요즘 백성들 사이에는 최승로에 대한 관심이 뜨거운데요. 최승로는 성종의 즉위와 함께 급부상한 인물로, 56세의 나이에도 불구하고 열정적으로 왕을 보좌하고 있다고 합니다. 오늘 뉴스에서는 왕의 남자 최승로에 대해 알아보겠습니다.

최승로는 신라 출신으로, 그의 아버지는 6두품이었습니다. 신라가 망하자 최승로는 어린 나이에 아버지를 따라 고려의 도읍으로 옮겨 와 살게 되었어요. 최승로는 어려서부터 신동 소리를 들을 만큼 똑똑했다고 해요. 불과 12살에 태조 앞에서 논어를 줄줄 외워 태조의 입을 떡 벌어지게 했고, 그 덕분에 영재 교육을 받기도 했답니다. 어린 시절부터 태조의 촉망을 받았으니 얼마나 화려한 시절을 보냈겠냐고요?

하지만 최승로의 젊은 시절은 순탄하지 않았어요. 한창 일할 나이에 능력을 발휘할 기회조차 얻지 못했거든요. 2대 혜종과 3대 정종 때는 호족들이 활개를 치던 시대라 그들에 밀려 빛을 보지 못했고, 4대 광종은 쌍기와 같은 귀화인들을 중심으로 정치를 했기 때문이었죠.

이때 최승로는 학문과 관련된 일들만 간신히 맡을 수 있었고 정치에

최승로는 927년 후백제의 견훤이 신라를 공격하여 경애왕을 죽이던 그 해에 태어났습니다.

김역사 기자

관련된 일은 하지 못했어요. 하지만 광종 대에 들어서면서 과거제의 실시로 새로운 관리들이 조금씩 벼슬에 오르기 시작했고 이때부터 최승로도 조금씩 능력을 인정받기 시작했지요.

사실 광종과 경종의 집권기에도 최승로의 학문적 명성은 이미 자자했답니다. 그러다 981년에 6대 성종이 즉위하게 되었는데, 이때부터 최승로는 성종에게 능력을 인정받아 **위상**을 떨치게 되었어요. 앞서 말했듯 성종은 유교를 중요시했고, 최승로 또한 성종과 뜻을 같이 한 유학자였지요. 유교 국가를 꿈꾼 왕과 신하의 운명적 만남이었죠.

그런데 최승로는 어떻게 유학을 접할 수 있었을까요? 6두품들은 보통 국학에서 지식을 쌓았어요. 국학은 국가에서 운영하는 국립 학교로 『논어』, 『효경』 등의 유교 경전을 가르쳤지요. 이 덕분에 6두품 출신이었던 최승로는 자연스레 유교 사상에 젖어 들게 되었어요. 성종은 즉위 후 관리들에게 **시무**와 관련된 **상소**를 올리라고 명령하였는데, 이때 유교 정치사상에 바탕을 둔 최승로의 상소 「시무 28조」가 받아들여졌어요. 그 후 성종은 최승로를 자신의 정치적 조언자로 삼고 유교를 통치의 근본 이념으로 삼아 나라를 다스렸답니다.

최승로가 성종에게 올린 「시무 28조」는 실로 어마어마한 경쟁률을 뚫고 채택이 되었다고 해요. 그런데 「시무 28조」는 과연 어떤 내용이었길래 성종의 마음에 쏙 들었던 걸까요? 그 내용은 다음 시간에 계속됩니다.

위상
어떤 사물이 다른 사물과의 관계 속에서 가지는 위치나 상태

시무
그 시대에 중요하게 다루어야 할 일

상소
임금에게 글을 올리던 일

2 인물 초대석

생방송 한국사

최승로, 28개의 정치 개혁안을 올리다

성종은 얼마 전 관리들에게 나라를 튼튼하게 만들 계획을 세워 올리게 하였습니다. 그 중 최승로의 「시무 28조」가 채택되었는데요. 오늘 인물 초대석 시간에는 최승로를 모시고 「시무 28조」에 대해 이야기를 나눠보겠습니다.

안녕하십니까? 최승로입니다. 저는 성종에게 「시무 28조」를 지어 올렸지요. 「시무 28조」란 왕이 지금 해야 할 일 28가지를 뜻해요. 그 핵심 내용을 한마디로 표현하자면 '고려를 반드시 유교 사회로 바꿔야 한다.'는 것입니다. 저는 유교를 정치의 바탕으로 삼고 여러 제도를 개혁하면 고려 사회가 안정될 것이라고 생각했어요.

최승로

유교를 장려한 이유는 무엇인가요?

아시다시피 유교는 충과 효를 강조하고 있어요. 신하가 임금께 충성을 다하고 자식들이 부모에게 효도를 하는 것이 유교의 기본 바탕이지요.

이러한 유교 사상이 바탕에 깔려 있으면, 윗사람과 아랫사람 간의 예의가 생기지요. 이렇게 되면 사회 질서가 바로 잡히고, 더 나아가 왕권도 안정을 찾을 수가 있을 것입니다.

이때 왕은 신하들에게 예의를 갖춰 대하고 아랫사람의 의견을 존중하며 귀 기울여야 한다는 것을 명심해야 합니다. 또 귀족 세력을 무시하지 않으면서 서민들의 삶도 존중해야 합니다. 자고로 백성을 위하는 진정한 정치란 모든 계층을 아울러야 하는 것 아니겠습니까?

사실 초기의 고려 사회는 후삼국을 통일하느라 나라의 틀이 제대로 잡히지 않은 상태였어요. 백성들의 마음도 마찬가지였습니다. 따라서 출신이 다양한 백성들의 마음을 하나로 모으고 안정시키는 게 사회 제도를 갖추는 것보다 더 시급한 문제였어요. 이 문제가 해결되지 않으면 고려 사회는 다시 혼란에 빠질 게 분명했거든요. 이때 큰 역할을 하는 것이 바로 종교입니다.

그래서 왕건을 비롯한 고려 초기의 왕들은 불교를 장려했던 거예요. 아무래도 백성들 사이에 공통된 믿음이 있으면 끈끈한 **유대감**과 **소속감**이 들기 마련이거든요.

유대감
서로 밀접하게 연결되어 있는 공통된 느낌

소속감
자신이 어떤 집단에 소속되어 있다는 느낌

유교를 장려하면 고려 사회에서 불교는 사라지는 건가요?

그건 아닙니다. 불교는 백성들의 마음을 모으는 역할을 하기 때문에 나라의 종교로서는 장려할 계획입니다.

지금은 백성들이 어느 정도 안정을 되찾은 상태입니다. 불교는 다음 생을 위한 것이며, 유교는 지금 현실에 필요한 것입니다. 유교가 중심이 되어야 고려를 더욱 안정된 나라로 만들 수 있다는 게 제 주장입니다.

잘 알겠습니다. 그럼 「시무 28조」의 내용을 좀 보여 주시겠습니까?

물론입니다. 28개 건의안 중 22개만 전해지고 있는데 그중 일부를 보여드리지요. 다음 자료 화면 보시죠.

- 연등회과 팔관회는 국가의 큰 부담이 되므로 삼간다.
- 임금과 신하, 부모와 자식 간에는 차례와 예의를 지킨다.
- 귀족들의 권리를 지나치게 억누르지 말아야 한다.
- 왕은 신하와 백성들에게 공정하고 예의 있게 대하여야 한다.
- 중국에 사신을 보내는 건 돈이 많이 드니 그 수를 줄여야 한다.
- 중국을 무조건 따르는 것은 옳지 않다.
- 불경과 불상을 사치스럽게 만드는 것은 금지해야 한다.
- 신분에 맞게 의복을 달리하여야 한다.
- 오랑캐가 쳐들어오는 일을 막기 위해 변경의 수비를 강화해야 한다.

국방, 문화, 사회, 경제 등 모든 분야에 있어서 구체적인 대책을 세우기 위해 노력한 것이 느껴지시나요? 앞으로도 저는 고려를 위해 헌신할 것을 약속드립니다.

이상 최승로 씨를 모시고 「시무 28조」에 대해 이야기를 나눠 보았습니다. 「시무 28조」를 바탕으로 고려가 더욱 발전할 수 있기를 기대하겠습니다.

스페셜뉴스 - 비하인드 뉴스

최승로의 그때 그 시절

최승로는 어려서부터 무척 총명하였어요. 불과 12살의 나이에 태조 왕건의 앞에서 논어를 줄줄 외웠다고 하지요. 최승로의 천재성을 알아 본 태조는 그를 총애하였어요. 그러나 화려한 소년 시절과는 달리 청년 시절의 최승로는 별로 주목받지 못했어요.

최승로가 20대 초반의 나이었을 때 고려의 왕은 광종이었어요. 광종은 쌍기와 같은 귀화인들과 함께 개혁 정치를 실시하였어요. 또, 중국의 정치를 본보기로 삼았기 때문에 자연스럽게 중국에 유학한 사람들을 중심으로 정치를 하였지요. 최승로는 그 누구보다 학문적 능력이 뛰어났지만 순수한 국내파였던 탓에 광종에 눈에 띄지 못했던 거예요.

"언제까지 재능을 썩히며 허송세월을 보내야 한단 말인가. 허허 참."

최승로는 자신의 역량을 발휘할 기회조차 제대로 가져보지 못한 채 20여 년을 보냈지요. 하지만 오랜 기다림 끝에 마침내 때가 왔어요. 광종의 뒤를 이은 경종의 짧은 통치가 끝나고 성종이 즉위하면서 최승로의 운명은 완전히 달라졌답니다.

성종은 이전의 왕들과 다르게 실력에 따라 사람을 뽑고, 벼슬을 시켰거든요. 성종은 최승로의 훌륭한 됨됨이를 한눈에 알아보고 높은 벼슬자리에 임명했습니다. 과연 성종의 눈은 틀리지 않았어요. 최승로는 「시무 28조」를 지어 올림으로써 성종의 정치 보좌관으로서 입지를 다졌어요. 당시 그의 나이는 56세였지요. 그 후 최승로는 젊은 왕 성종을 도와 고려 사회의 발전을 위해 크게 활약했답니다.

 고종훈의 한국사 브리핑

인물 핵심 분석 ▶ 최승로

QR 코드를 찍으면 고종훈 선생님의 강의를 볼 수 있어요.

시대 ▶ 927년~989년
별명 ▶ 최똑똑, 최수재, 뇌섹남, 신동
내가 제일 좋아하는 사람 ▶ 성종
나의 꿈 ▶ 나의 배움이 정치에 도움이 되는 것
마지막 한마디 ▶ 기다려라. 그러면 때가 올 것이다!
연관 검색어 ▶ 시무28조, 성종
역사적 중요도 ▶ ★★★★☆
시험 출제 빈도 ▶ 높음

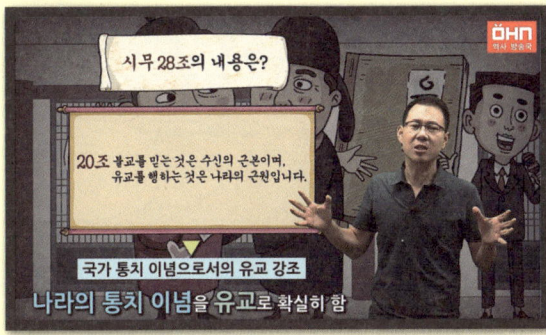

성종을 도와 유교 정치가 확립될 수 있게 했어요.

최승로는 좀처럼 능력을 발휘하지 못하다가 성종 대에 이르고서야 능력을 인정 받을 수 있었어요. 그는 **성종에게 유교 정치사상에 바탕을 둔 「시무 28조」를 올렸습니다.** 「시무 28조」에서 최승로는 유교를 정치의 바탕으로 삼고 여러 제도를 개혁하면 고려 사회는 안정될 것이라고 주장했어요.

인물 관계 분석

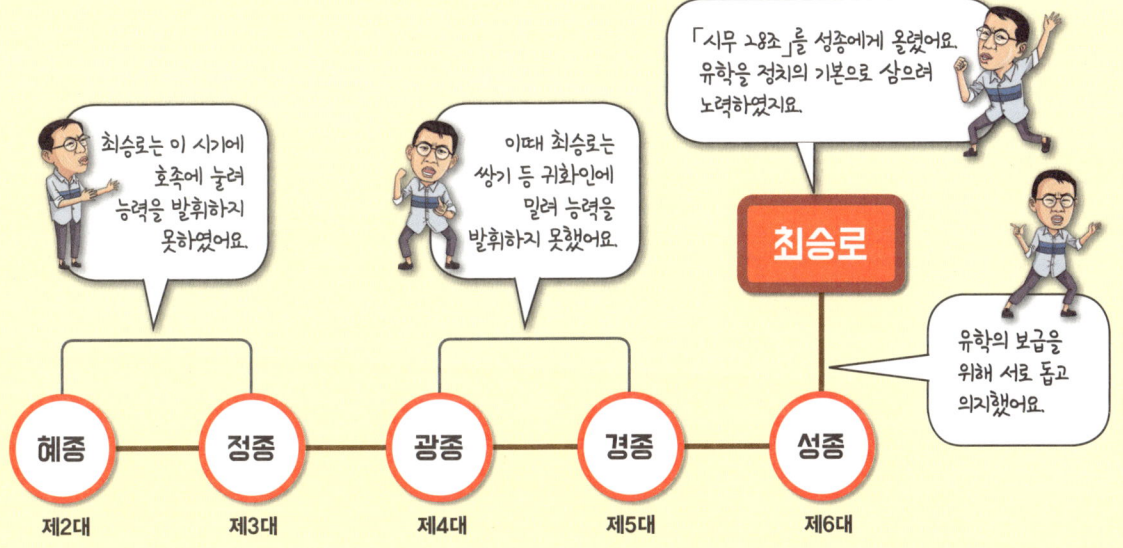

05 서희

민족 최고의 외교관

시대 942년~998년

타임라인 뉴스

942 서필의 아들로 태어나다

960 문과에 급제하다

993 거란 장군 소손녕과 담판을 벌여 강동 6주를 얻다

998 사망하다

1 헤드라인 뉴스

생방송한국사

급격히 성장한 거란, 고려를 위협하다

중국에서는 당이 멸망한 뒤 송이 건국되었고, 북쪽에서는 거란이 성장하여 송과 힘을 겨루고 있습니다. 이러한 가운데 고려가 송과 친선 관계를 맺어 거란의 심기가 불편하다고 하는데요. 더 자세한 상황은 김역사 기자를 통해 알아보겠습니다.

거란은 몽골 초원에서 일어난 민족으로, 순식간에 힘을 키워 어느 나라도 맞설 수 없을 정도로 성장했습니다. 중국 북부까지 세력을 넓힌 거란은 916년에 나라를 세우고 이름을 '요(遼)'라고 하였어요. 일반적으로 거란과 같은 **유목민**들은 어려서부터 말 타기와 활쏘기를 배우기 때문에 일상생활이 곧 군사 훈련이라고 해도 과언이 아니에요. 그래서 강력한 군사력을 바탕으로 전쟁을 벌여 영토를 넓힐 수 있었지요. 세력이 커진 거란은 한반도 북쪽에 자리 잡은 발해까지 무너뜨렸어요.

사실 거란은 송을 가장 강력한 경쟁 관계로 생각하고 있답니다. 하지만 거란은 송을 공격하기에 앞서 고려를 먼저 공격하려는 움직임을 보이고 있는데요. 송과 친한 고려를 우선적으로 차단하기 위해서예요. 혹시나 고려가 송을 도와 일을 그르치게 될까봐 불안한 거죠.

김역사 기자

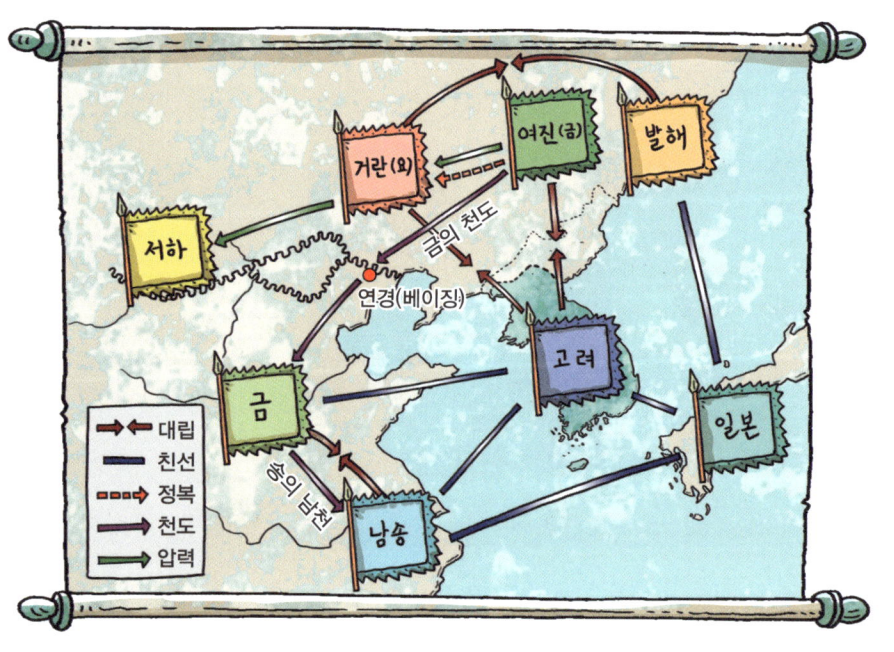

▲ 10~12세기 동아시아의 정세

유목민
목축을 주로 하여 물과 풀을 따라 옮겨 다니며 사는 민족

오랑캐
다른 민족을 얕잡아 낮게 부르는 말

태조 왕건은 훈요 10조에서 거란을 야만인이라 하며 경계하라는 말을 남겼고, 이는 태조의 뒤를 이은 왕들에게도 전해져 고려는 거란을 가까이하지 않았어요.

그러다 960년에 송이 세워지자 고려는 송과 친하게 지냈는데, 거란은 이러한 고려의 태도가 영 눈에 거슬렸답니다.

당시 송은 군사력이 거란보다 약해 고려와 친하게 지내야 할 필요가 있었어요. 이에 고려는 송에 군사적 지원을 해 주는 대가로 송의 발달된 문화를 받아들일 수 있었어요. 이렇게 두 나라의 교류가 잦아지다 보니 새로 왕이 즉위했을 때나 나라에 기쁜 일이 있으면 서로 사신을 보내어 축하하는 관계로 발전했어요. 둘도 없는 사이였죠.

처음에 거란은 고려를 달래가며 자기편으로 만들기 위해 노력했어요. 하지만 고려는 거란을 매몰차게 거부했습니다. 발해를 멸망시킨 **오랑캐**와는 절대 친선 관계를 맺을 수 없다는 입장이었죠. 고려가 거란을 멀리하고 송과 가깝게 지내자 결국 거란은 다음과 같은 경고의 메시지를 보냈어요.

발해를 멸망시킨 나라는 거란이니 당연히 옛 고구려의 땅을 찾을 권리가 우리에게 있다. 현재 고려는 신라를 이은 나라로, 발해를 차지할 권리가 없다. 그러니 발해 땅을 되돌려 달라. 그렇지 않으면 고려를 침략하겠다!

사실 이것은 고려를 침략하려는 핑계에 불과합니다. 거란은 이것을 구실로 고려에게 겁을 주고 송과의 관계를 끊게 하고자 했던 것이에요.

과연 고려는 이 상황을 잘 해결할 수 있을지, 자못 염려스럽습니다. 이상으로 헤드라인 뉴스를 마치겠습니다.

2 심층 취재

생방송 한국사

천재 외교관 서희, 거란을 물리치다

고려 조정이 거란의 요구를 거절하자 거란은 결국 고려를 침략하기로 결정했다고 합니다. 고려 침략을 이끄는 장수는 거란 황제의 사위 소손녕이라는데요. 고려 조정은 서희를 보내 맞설 예정이라고 합니다. 과연 고려의 앞날은 어떻게 펼쳐질 것인지 취재했습니다.

거란은 고구려의 옛 땅을 돌려달라는 핑계를 대며 압록강을 넘어왔습니다.

김역사 기자

거란은 큰소리를 치며 고려를 겁주었습니다.

"자그마치 군사 80만 명이 고려에 도착했다. 만일 너희가 끝까지 잘못을 빌며 항복하지 않으면 고려를 짓밟아 버리겠다!"

거란의 엄포에 지레 겁먹은 귀족들은 **서경**의 북쪽 지역 땅을 넘겨주고 항복하자며 성종에게 입을 모아 말했어요. 하지만 서희의 생각은 달랐어요.

"비록 고려 군사의 수가 거란보다 적지만, 적의 약점만 잘 파악한다면 승리할 수 있습니다."

서희는 거란의 속셈이 고려와 송의 관계를 끊는 데 있다는 것을 알았고, 이것을 잘만 이용하면 쉽게 해결될 것이라고 판단했던 것이지요.

서희는 성종에게 자신이 직접 거란의 장수를 만나 담판을 짓겠다며 끝까지 포기하지 말라는 뜻을 내보였어요. 서희의 자신만만한 태도는 고려 조정의 대신들과 성종의 마음을 움직였지요. 이 무렵 거란의 장수 소손녕은 계속해서 항복할 것을 요구하며 고려 조정을 협박했어요. 그러던 중 마침내 기회가 찾아왔어요.

거란은 고려가 자신들의 요구에 답을 보이지 않자 안융진(평안북도 청천강 연안에 쌓은 성)을 공격하였는데, 뜻밖에도 거란이 고려에 지고 말았지요. 예상치 못한 결과에 거란군은 움츠러드는 기색을 보였고 더 이상의 공격은 하지 않았어요. 다만 고려에 협상할 사신을 보내라는 글만 보낼 뿐이었지요. 이에 어느 정도 희망을 얻은 성종은 마침내 서희에게 **국서**와 군사를 넘겨주며 말했어요.

"고려의 외교관으로서 잘 해결하고 오시게."

이렇게 해서 서희는 고려 군사를 이끌고 거란이 진을 치고 있는 안융진으로 직접 가게 되었답니다. 처음에 소손녕은 서희를 얕잡아봤어요.

"거란은 고려보다 힘이 강하고 큰 나라요. 그러니 당연히 내가 당신보다 귀하고 높지 않겠소? 이를 알았으면 당신은 예의를 다해 이곳 뜰에서 나에게 절을 해야 할 것이오! 그렇지 않으면 협상은 없소!"

나라가 크니 자신도 귀하다는 것이었어요. 거란의 오만함이 느껴지는 말이지요. 그런데 소손녕의 이런 거만한 태도에도 서희는 기가 죽기는커녕 눈도 깜짝 하지 않았어요.

"뜰에서 절을 하는 것은 신하가 임금을 대할 때만 있는 일입니다. 두 나라의 사신이 마주하는 자리에서는 이런 일은 있을 수 없습니다."

그러고는 자기 숙소로 돌아와 자리에 누워 일어나지 않았어요. 서희

서경
오늘날의 평양

국서
국가의 우두머리가 국가의 이름으로 보내는 외교 문서

가 이와 같이 당당한 태도를 보이자, 당황한 소손녕은 마루에 올라와 서로 인사하는 것으로 생각을 바꾸었어요. 마침내 서희와 소손녕은 동등한 자격으로 서로 인사를 한 후, 마주 앉아 대화를 나누었어요. 먼저 소손녕이 서희에게 두 가지 요구 사항을 말했답니다.

"고려는 옛 신라의 땅에서 시작된 것이 아니오? 그러니 고구려의 땅을 계승할 권리가 고려에게는 없소. 그런데도 지금 고려는 우리의 국경을 침범하고 있으니 당장 땅을 내놓으시오. 이것이 우리의 첫째 요구 조건이오. 또 고려는 우리와 국경을 접하고 있으면서도 어찌 바다 건너 송과 더 가깝게 지내는 것이오? 고려는 송과의 관계를 끊고 거란을 높이 모시도록 하시오. 이 두 가지가 우리의 요구 조건이오."

소손녕의 요구는 무척 대담한 것이었어요. 영토를 내놓고 자신의 나라를 섬기라는 것이었으니까요. 이에 서희는 강경한 태도로 반박했어요.

서희의 지혜
서희는 고려는 고구려의 뒤를 이은 나라라는 것을 주장하기 위해 일부러 수도를 개경이 아닌 서경(오늘날의 평양)으로 말했답니다.

"당신 생각은 틀렸소. 고려는 고구려의 뒤를 이은 나라요. 그래서 나라 이름을 고려라 하고 서경을 도읍으로 삼은 것이오. 지역을 따지자면 만주는 모두 옛 고구려의 땅이라고 할 수 있지 않겠소? 그러니 오히려 당신네들이 우리 땅을 차지한 거지, 어찌 우리가 국경을 침범했다고 할 수 있겠소? 또, 우리도 당신네 나라와의 교류를 시도한 적은 있었소. 그러나 그 사이에 여진이 가로 막고 있어 현실적으로 힘이 들더이다. 그러니 거란과 고려의 관계가 친밀하지 못한 것은 여진 때문이라는 말이오.

당신도 아시다시피 압록강 부근의 지역도 고려 땅인데 지금 여진이 차지해 길을 막고 있지 않소? 이곳을 지나가기가 바다를 건너는 것보다

▲ 강동 6주

더 어려운 상황이라오. 만약 여진을 쫓아내고 도로를 통하게 하면 두 나라가 서로 왕래를 하며 친하게 지낼 수 있을 것이오. 그러니 당신들은 지금 우리를 공격하는 것보다 여진을 쫓아내는 것이 급선무요. 그렇게 된다면 우리가 그곳을 지키며 거란과 친하게 지내겠소."

소손녕은 서희의 논리적인 말에 아무런 대꾸를 할 수 없었어요. 서희의 작전이 소손녕에게 제대로 먹혀들었던 셈이지요.

소손녕은 대화가 끝난 후 자신의 왕에게 결과를 보고하였고, 요의 왕은 '고려와 화해하고 그만 돌아오라.'는 명령을 내렸어요. 그리고 '거란으로 가는 길목인 압록강 동쪽 280리 지역을 고려에게 돌려주겠다.'고 약속했어요. 여진을 쫓아내는 데에 거란이 적극 협조하겠다는 뜻이었지요. 이로써 고려는 여진을 몰아내고 **강동 6주**에 성을 쌓았어요. 피 한 방울 흘리지 않고 국경을 압록강까지 넓히게 된 셈이었지요.

강동 6주

강동(江東)은 강의 동쪽 즉 '압록강의 동쪽'을, 6주(六州)는 '여섯 개의 마을'을 뜻해요. 흥화진·용주·철주·통주·곽주·귀주입니다.

스페셜뉴스  체험! 역사 현장

고려 시대 개경의 모습은 어땠을까요?

김역사 기자

개경은 왕건이 즉위한 후부터 고려가 멸망할 때까지 약 500년 동안 고려의 도읍이었어요. 개경은 바다가 가까워 이웃 나라와 무역을 하기에 유리했고 임진강과 예성강, 한강 등이 가까워 뱃길을 통해 세금을 운반하는 데 수월했습니다. 또한 한반도의 가운데에 자리 잡고 있어 전국을 다스리기에도 편리했답니다. 개경의 위치는 정말 도읍으로서 딱 알맞았지요.
그럼 개경의 내부의 모습은 어땠을까요? 고려 시대의 개경으로 떠나봅시다.

인구 개경에 집이 약 10만 호에 이르렀다는 기록이 있어요. 한 집에 평균 다섯 식구가 살았다고 계산하면 개경의 인구는 약 50만 명으로 짐작돼요. 당시 고려 전체의 인구가 300~500만 명 정도였다고 하니 인구의 상당 부분이 개경에 살고 있었던 셈이지요. 개경은 조선의 수도인 한양보다도 약 1.5배 컸고 인구도 더 많았답니다.
그렇다면 개경에는 어떤 사람들이 주로 살았을까요? 고려는 철저한 신분제 사회였지만, 대체로 사는 곳에 대한 제한이나 차별은 없었어요. 따라서 개경에는 왕족과 관리, 군인, 농민, 상인, 노비 등 다양한 계층의 사람들이 함께 어울려 살았어요. 다만 무당의 경우만은 도성 안에서 살지 못하도록 했습니다.

중심지 개경 안에는 동문과 서문을 연결하는 동서 대로와 남문과 북문을 연결하는 남북 대로가 닦여져 있었어요. 이 두 큰 도로가 서로 엇갈리는 곳인 십자거리가 개경의 중심지였답니다. 십자 거리에는 각종 상점과 큰 건물들이 빽빽이 들어서 있었다고 해요.
아무래도 사람이 많이 모이는 곳에는 상업이 발달하기 마련이지요. 개경도 예외는 아니었어요. 개경은 고려의 경제 중심지였는데, 고려에서 가장 인구가 많았고, 또 든든한 경제력을 갖춘 지배층이 많이 살고 있었기 때문에 자연스레 소비 활동이 활발하였어요.
개경의 시장은 긴 행랑 모양으로 길게 늘어서 있었는데 일반 백성들이 물건을 사고파는 시장도 많았고, 나라에서 운영하는 시장도 있었어요. 이를 '시전'이라 불러요.

궁궐 고려의 궁궐은 송악산 아래에 있었는데, 입이 떡 벌어질 만큼 웅장하고 화려했어요. 중심 건물까지 가려면 네 개의 문을 지나야 했답니다. 고려의 궁궐은 크게 황성과 일반 궁으로 나눌 수 있어요. 황성은 국왕이 사는 터를 말하는데, 이곳에는 중요한 관청이 모여 있었어요.
궁궐에는 황성 외에도 별궁들이 많았는데, 왕은 물론이고 태자, 왕후, 왕비, 태후, 공주, 사위, 형제, 왕의 아들까지 궁을 가졌기 때문이에요.
고려의 궁터를 만월대(滿月臺)라고도 해요. 음력 정월 대보름 달을 바라보기 위해 만든 망월대(望月臺)에서 유래된 것이랍니다.

지금까지 개경에 대한 대략적인 소개였습니다.
이상 개경의 역사 현장이었습니다.

고려, 아라비아 상인과 무역을 하다

안녕하십니까? 오늘 이 시간에는 고려 경제 전문가를 모시고 고려 무역의 이모저모를 알아보겠습니다. 제가 듣기론 우리나라가 코리아로 불리게 된 것도 고려의 무역 활동과 관련이 있다고 하는데요. 우선 그 이야기부터 들어보겠습니다.

김역사 기자

나경제

고려는 중국, 일본, 동남아시아는 물론이고 아라비아 상인들과도 무역을 했어요. 외국인에게 '고려'는 발음하기가 어려웠던 까닭으로 '코레(Core)'라는 단어가 되어 서양으로 퍼졌고, 시간이 지나면서 '코레아(Corea)'라는 단어를 거쳐 오늘날의 영어식 표기인 '코리아(Korea)'가 탄생한 거지요.

그런데 아라비아 상인들이 어떻게 해서 고려까지 올 수 있었을까요?

요즘은 비행기나 배 등의 교통수단이 발달해서 다른 나라에 오고 가는 일이 별로 대수롭지 않게 여겨지지만 옛날에는 엄청난 수고와 돈을 들여야 했어요. 그렇다고 아라비아 상인들이 처음부터 고려를 찾은 건 아니에요.

아라비아 상인들은 당 대부터 중국의 남쪽을 중심으로 무역을 해왔는데, 송 대에 이르러 무역을 하는 물건의 종류와 양이 많이 늘었어요. 그런데 이 당시 송은 고려와 활발히 교류 중이었기 때문에 마침 송과 거래를 하던 아라비아 상인들이 소문을 듣고 고려에까지 오게 된 것이랍니다.

그렇다면 무역 활동은 주로 어디서 이루어졌나요?

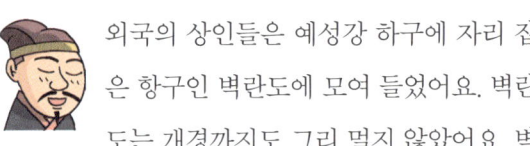

외국의 상인들은 예성강 하구에 자리 잡은 항구인 벽란도에 모여 들었어요. 벽란도는 개경까지도 그리 멀지 않았어요. 벽란도라는 이름은 푸른 물결이 넘실대는 나루라는 뜻인데, 그에 걸맞게 예성강은 물이 깊어 배가 드나들기 좋았지요. 이런 조건을 가진 덕에 벽란도는 외국의 문물을 가장 먼저 만나 볼 수 있는 국제 무역항으로 발전했어요.

고려의 주요 수출품과 수입품은 무엇이었나요?

송에서는 고려의 인삼, 금, 은, 삼베, 모시, 종이, 화문석, 부채, 나전 칠기 등이 인기 품목이었어요. 특히 인삼은 효과가 뛰어

서희 | 민족 최고의 외교관

나기로 유명해 없어서 못 팔 지경이었지요. 또 종이는 희고 질겨 세계 제일의 품질로 인정받았어요. 중국에서는 왕의 업적을 기록하는 데 고려의 종이만 사용할 정도였다고 해요.

한편 고려는 송으로부터 약재, 비단, 차, 서적, 악기 등을 수입했는데, 그중 비단을 가장 많이 들여왔어요. 이러한 물품들은 주로 귀족들을 위한 것이었지요.

수입 품목 중에서 주목해야 할 것은 서적인데, 이야기가 담긴 책뿐만 아니라 의학 서적들도 꽤 있었어요. 이것으로 미루어 볼 때 고려에서는 사람을 치료하는 의술을 발전시키기 위해 송의 학문을 적극적으로 받아들였다는 것을 알 수 있겠네요.

그렇군요. 고려 시대에도 오늘날 못지않은 활발한 무역을 했다는 사실이 정말 놀라운데요. 세계로 뻗어 나가는 고려라고 해도 과언이 아닐 것 같습니다. 이상 비하인드 뉴스를 마치겠습니다.

 고종훈의 한국사 브리핑

인물 핵심 분석 ▶ 서희

QR 코드를 찍으면 고종훈 선생님의 강의를 볼 수 있어요.

시대 ▶ 942년~998년
별명 ▶ 거란 킬러, 언변가, 고려 외교관, 설득왕
'나'하면 떠오르는 단어는? ▶ 외교 담판
내가 제일 잘하는 것은? ▶ 설득
지금 생각나는 사람은? ▶ 소손녕
연관 검색어 ▶ 거란, 외교 담판, 소손녕, 강동 6주
역사적 중요도 ▶ ★★★★☆
시험 출제 빈도 ▶ 높음

거란과의 외교 문제에서 서희가 활약했어요.

거란은 송과 친하게 지내는 고려를 못마땅해 하며 침략했어요. 서희는 거란의 목적이 고려와의 전쟁이 아니라는 것을 알아차리고 실리적인 외교 작전을 펼쳤습니다. **서희의 외교 정책 덕분에 고려는 거란의 침입을 물리치고, 강동 6주를 획득하였습니다.**

인물 관계 분석

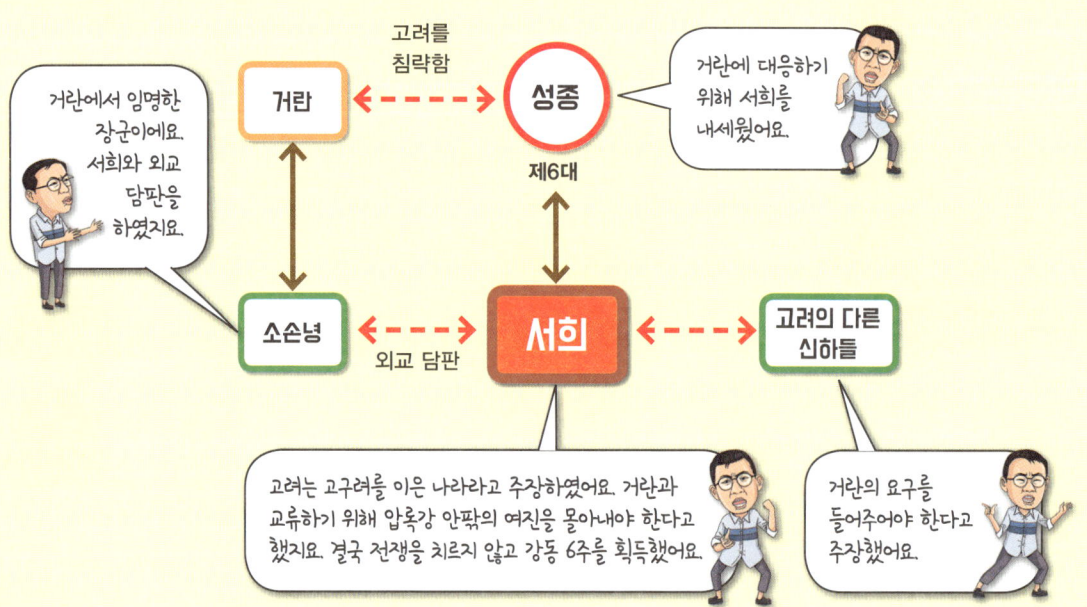

1 심층 취재

*생방송*한국사

거란의 2차 침입, 위태로운 고려!

거란의 1차 침입은 서희의 활약 덕분에 피 한 방울 흘리지 않고 마무리되었습니다. 하지만 2차 침입은 그렇게 만만치 않았습니다. 거란 황제가 직접 군사를 이끌고 침략을 시도했다고 하는데요. 먼저 사건의 배경부터 알아보겠습니다.

> 거란은 고려를 다시 침입할 기회를 호시탐탐 노렸어요.

김역사 기자

고려는 거란의 1차 침입 때 강동 6주를 획득하였습니다. 하지만 거란은 뒤늦게 강동 6주를 내어 준 것을 후회했어요. 강동 6주는 개경으로 통하는 길목에 있어 군사적으로 매우 중요한 곳이었거든요.

그 무렵 고려에서는 **강조**가 7대 왕 목종을 강제로 물러나게 하고 어린 현종을 왕위에 앉힌 일이 있었는데, 거란은 이 사건에 대해 고려에 도덕적 책임을 물었어요. 신하가 왕을 물러나게 한 것은 반역이나 다름없으니 이웃 나라로서 가만히 두고 볼 수는 없다는 것이었죠.

거란은 이를 핑계로 고려를 침략하였어요. 이번에는 거란의 왕이 직접 40만 대군을 지휘했는데, 이것이 거란의 2차 침입이에요. 거란은 눈 깜짝할 사이에 압록강을 건너 **흥화진**을 포위했어요. 하지만 고려 장수 **양규**는 결사적으로 성을 지켰고 거란과 끝까지 싸울 뜻을 내비쳤답니다.

한편 거란군은 말을 이끌고 빠른 속도로 고려를 공격해 왔지만, 고려 땅을 누비는 데에는 한계가 있었어요. 고려에는 높은 산이 많아 말이 다니기에는 좁고 불편했거든요. 거란군의 약점을 파악한 고려군은 가능한 적에게 불리한 곳을 찾아다니며 공격을 피했답니다.

그러자 거란군은 한밤중에 기습 작전을 펼쳤습니다. 이때 거란군과 맞선 고려 장수 강조는 모르는 척 가만히 놔두었어요. 오히려 거란군이 기습 작전을 펼칠 것을 예상하고는 함정을 파고 기다렸던 거지요. 그런데 거란의 군대는 예상보다 더 빠르고 강력했어요. 거란군은 순식간에 들이닥쳐 고려군을 공격했고, 강조는 붙잡혀 죽임을 당했어요.

그리고 거란군은 죽은 강조의 편지를 거짓으로 꾸며 양규에게 보냈어요. 전세가 거란쪽으로 기울어 승리할 가망이 없으니 이제 그만 항복을 하는 것이 좋겠다는 내용이었죠. 하지만 양규는 "우리는 왕의 명령을 받고 이곳에 왔으니 강조의 항복 지시는 받아들일 수 없다."며 승리에 들떠 있는 거란군을 가는 곳마다 무너뜨렸어요.

양규의 활약으로 거란군의 기세가 조금씩 꺾이기 시작했고, 이 틈을 타 고려 장수들은 다시 힘을 모아 거란을 공격했어요. 하지만 결국 고려는 많은 수의 거란군을 당해 내지 못했습니다. 거란군 또한 지칠대로 지쳐 군사적 손실과 타격이 컸어요. 거란군은 결국 되돌아 갈 수밖에 없었는데, 고려군은 이 기회를 놓치지 않고 거란군을 뒤쫓아가 압록강에서 많은 군사들을 무찔렀지요. 이로써 고려는 압록강 일대의 강동 6주를 지켜낼 수 있었고, 거란의 2차 침입은 일단락되었답니다.

강조
고려의 장군으로 목종을 폐위시키고 현종을 왕위에 앉혔어요. 이후 거란의 2차 침입 때 맞서 싸우다 포로가 되어 거란의 신하가 되라는 압박을 받았으나, 끝내 거절하고 죽임을 당했습니다.

흥화진
현재 평안북도 의주

양규
고려의 장군으로 거란의 2차 침입 때 곽주의 백성들을 이주시키고, 끝까지 싸웠어요.

2 헤드라인 뉴스

생방송 한국사

명장 강감찬, 거란의 3차 침입에 맞서다!

거란은 두 차례에 걸친 고려 침략이 실패하였음에도 포기하지 않고 다시 고려를 침략할 기회를 엿보고 있었습니다. 그러다 거란은 고려에 두 가지 무리한 요구를 해왔는데요, 고려 측에서 이를 거절하자 3차 침입에 나섰습니다. 김역사 기자가 전해 드립니다.

거란은 두 가지 요구를 내세워 또 다시 침입을 시도했어요.

김역사 기자

거란의 요구 중 첫 번째는 '현종이 거란의 조정에 들어와 예를 올릴 것', 두 번째는 '강동 6주를 다시 내놓을 것'이었습니다. 거란은 자신들의 요구를 고려가 받아들이지 않으면 이를 핑계 삼아 다시 고려를 침략할 속셈이었던 것이죠. 예상대로 고려는 현종이 병이 들어 거란에 도저히 갈 수 없는 형편이라며 거부하였고, 강동 6주도 내놓지 않았어요.

고려의 대응에 거란은 다시 고려를 침략하기로 결정했고, 압록강에 다리를 놓고 성을 쌓았어요. 그리고 흥화진을 다시 포위했지만, 고려군은 거란의 공격을 모두 막아 냈어요. 이런 식으로 거란과 고려는 쉴 새 없는 **소모전**을 벌였습니다. 마침내 거란은 **소배압**이 지휘하는 10만 군사를 앞세워 대대적으로 고려를 침략했어요. 소배압의 군사는 거란의 최정예 부대로, 이전과는 사뭇 다른 기세로 고려에 겁을 주었지요.

거란의 대대적인 침략에 맞서 고려는 **강감찬** 장군에게 총지휘를 맡겼어요. 강감찬은 과거에 급제한 문신이었지만, 무예 솜씨까지 훌륭해 장군의 지위까지 올랐거든요. 이때 그의 나이는 무려 71세였어요. 강감찬은 20만 대군을 이끌고 흥화진으로 출동한 후 명령했어요.

"소가죽을 최대한 많이 구해 오너라!"

부하들은 재빠르게 마을로 내려가 소가죽을 구해 왔어요. 강감찬은 소가죽을 꿰어 서로 이어 붙이게 했어요. 그러고는 강가 곳곳에 나무 말뚝을 박고 이어 붙인 소가죽으로 흥화진의 강물을 막았지요. 모든 준비를 마친 뒤, 거란군이 건너기를 숨죽여 기다렸어요. 흥화진에 도착한 소배압 군대는 이러한 사실을 모른 채 강물을 건너기 시작했어요. 강은 곧 거란의 군사들로 가득 찼지요. 강감찬은 이때를 놓치지 않고 외쳤어요.

"지금이다! 소가죽을 찢어라!"

소가죽을 찢자, 막혀 있던 강물이 쏟아지면서 순식간에 거란군을 덮쳤어요. 거란 군사들은 속수무책으로 당할 수밖에 없었고, 이 틈을 이용해 고려군은 공격을 퍼부었어요. 이 싸움에서 거란군은 1만여 명의 군사를 잃었고, 승리한 고려군의 사기는 하늘을 찌를 듯 했어요.

한편 거란의 소배압은 간신히 살아남은 병사들과 함께 개경으로 향했어요. 어쨌든 개경을 장악하기만 하면 상황은 역전될 것이라고 판단했기 때문이에요. 하지만 소배압의 생각을 알아챈 강감찬은 미리 군사를 보내 개경을 단단히 지키도록 지시했어요. 소배압이 빠른 속도로 개경으로 향하고 있다는 소식을 들은 현종은 백성들을 모두 성안으로 불러들이고, 들판의 곡식을 모두 없애라고 명령했어요. 거란군이 먹을 양식

소모전
군사나 무기 등을 자꾸 투입하여 쉽게 승부가 나지 않는 전쟁

소배압
거란의 1차 침입 때 서희와 협상을 벌였던 소손녕의 형

강감찬
실제 강감찬은 과거 시험에서 일등을 한 문신으로, 문무를 고루 갖추었어요.

을 모조리 없애 궁지에 몰아넣으려는 심산이었죠.

마침내 소배압의 군대가 개경에 도착했어요. 하지만 거란군은 너무 먼 길을 달려온 탓에 기운이 다 떨어진 상태였지요. 게다가 주변 들판의 곡식은 이미 다 불 탄 후여서 먹을 것도 없었어요. 거란의 군사들은 굶주림과 추위에 지쳐 점점 싸울 의지를 잃어갔지요. 할 수 없이 소배압은 개경 침략을 포기하고 자기 나라로 돌아가기로 했어요.

모든 상황을 예상하고 작전을 짠 강감찬은 곳곳에 몰래 군사를 숨겨 놓고, 기습적으로 거란을 공격했어요. 마침내 거란군과 고려군은 귀주에서 마지막 전투를 치르게 되었지요. 당시 거란군은 많이 약해진 상태였지만, 죽기를 각오하고 싸워 한 걸음도 물러서지 않았어요. 고려 조정에서는 강감찬 부대를 도와주기 위해 추가적으로 부대를 보냈어요. 비가 오는 궂은 날씨에도 불구하고 치열한 전투가 이어졌지요.

그런데 어느 순간 바람의 방향이 한순간 남쪽에서 북쪽으로 바뀌었어요! 남쪽에 진을 친 고려군의 화살이 바람을 타고 더욱 멀리까지 날아갈 수 있게 된 거예요. 반대로 거란군의 화살은 바람을 거스르지 못해 고려군에까지 닿지 않았어요. 비 때문에 시야도 잘 보이지 않는 상태에서 고려군의 화살 폭격을 받은 거란군은 결국 달아나기 시작했어요. 이를 놓치지 않고 강감찬은 추격 명령을 내렸지요.

"후퇴하는 오랑캐 놈들을 한 놈도 빠짐없이 잡아들여라!"

이 싸움에서 살아 돌아간 거란군은 소배압을 비롯해 수천 명에 불과했어요. 이 싸움이 '귀주 대첩'이에요. 거란으로서는 그동안 한 번도 겪어 보지 못한 치욕스런 패배였답니다.

강감찬의 지혜

사실 강감찬은 날씨를 철저히 예상하고 일부러 남쪽에 진을 친 것이었답니다.

강감찬 | 귀주 대첩의 명장

몇 차례에 걸친 공격이 실패로 끝나자 거란은 결국 고려 침략을 포기하였어요. 고려 역시 거란에 관리를 보내 **화친**을 제의했고, 이로써 두 나라 사이에는 평화적인 관계가 이루어졌지요.

귀주 대첩을 큰 승리로 이끈 강감찬은 고려의 안전을 위해 제대로 된 군사 시설을 갖추어야 한다고 생각했어요. 혹시나 거란이 다시 고려를 침입할까봐 걱정이 되었던 거지요. 그래서 현종을 찾아가 건의했어요.

▲ 거란의 침입과 격퇴

"지금은 거란이 잠잠하지만 언제 또 마음을 바꿔 쳐들어올지 모를 일입니다. 그러니 개경 주변에 적의 침략을 막을 수 있는 나성을 쌓는 것이 어떻겠습니까?"

강감찬의 말을 듣고 현종은 개경 주변에 나성을 쌓을 것을 지시했어요. 나성은 도시 전체를 이중으로 둘러싼 성을 말해요. 또한 강감찬은 외적의 침입을 막기 위해 국경에 천리 장성을 쌓을 것을 주장했어요. 천리 장성은 대략 **천 리**에 달해 천리 장성이라 이름 붙인 것으로, 압록강 하구에서부터 동해안까지 이르는 긴 성이에요. 무려 12년이라는 공사 기간이 걸렸답니다. 마침내 천리 장성이 완성되자 고려는 거란, 여진 등의 침략에 대비할 수 있었고, 북방 민족에 의해 고려의 풍속이 어지러워지는 것을 막을 수 있었습니다.

화친
나라와 나라 사이에 다툼 없이 가까이 지냄

천 리(里)
1리(里)는 약 392m로, 1000리(里)는 대략 392km가 됩니다.

강감찬에 관한 네 가지 이야기

혹시 서울의 지하철역 이름 중에 '낙성대'를 들어보셨나요? 낙성대는 강감찬 장군이 태어난 집터로, 강감찬 장군이 태어나던 날 밤에 하늘에서 큰 별이 떨어졌다고 해서 붙여진 이름이랍니다. '하늘에서 내린 아이'라는 별명을 가진 강감찬에게는 네 가지 설화가 전해 내려오고 있어요.

먼저 첫 번째 이야기예요. 강감찬은 얼굴에 큰 곰보 자국이 있었어요. 그런데 말이에요, 사실 강감찬의 곰보 자국은 일부러 만든 것이래요. 이게 무슨 말이냐고요? 원래 강감찬이 태어났을 때에는 얼굴이 너무 잘생겼었대요. 그런데 강감찬은 잘생긴 얼굴이 오히려 자기 앞길에 방해가 된다고 여겨 마마신을 불러 말했어요.

"얼굴이 너무 잘생기면 나라를 위해 큰일을 하기가 어렵소. 여자들도 많이 따를테고, 괜히 귀찮은 일만 꼬이게 마련이지. 그러니 나에게 천연두를 앓게 해 곰보로 만들어 주시오."

이렇게 해서 마마신은 강감찬의 얼굴을 얽게 해 곰보로 만들어 주었다고 해요.

두 번째 이야기예요. 어느 날 강감찬의 아버지가 지인의 결혼식에 갈 일이 있었어요. 강감찬은 아버지와 함께 가기를 청했지만 강감찬의 아버지는 자기 아들을 데려가지 않았어요. 강감찬이 못생겼기 때문에 남들에게 보여 주기 부끄러웠던 거예요.

하지만 강감찬은 아버지 몰래 결혼식에 따라갔어요. 그런데 이때 강감찬은 신랑이 수상하다는 것을 느꼈어요. 알고 보니 사람으로 둔갑해서 신랑 행세를 하는 귀신이었던 거지요. 강감찬은 화려한 무술 실력으로 신랑을 내쫓았어요. 하마터면 귀신에게 잡아먹힐 뻔한 신부를 구해낸 것이지요. 이 일을 계기로 강감찬의 아버지는 더 이상 아들을 부끄러워하지 않았다고 해요.

세 번째는 벼슬살이에 관한 일화예요. 강감찬은 20살의 나이에 고을의 원님이 되었어요. 그런데 그의 아랫사람들은 강감찬이 어리다는 이유로 무시하고 얕보았어요.

▼ 강감찬 장군 동상

◀ 낙성대 전경

　그러자 강감찬은 뜰에 세워둔 수숫대(수수의 줄기)를 그들의 소매 속에 넣어 보라고 했어요. 아랫사람들이 도저히 할 수 없는 일이라고 불평을 하자, 강감찬은 "겨우 1년 자란 수숫대도 소매에 넣지 못하면서 20년이나 자란 원님을 소매 속에 집어넣으려 하느냐!"며 크게 호통을 쳤다고 해요. 비록 나이는 어리지만 당찬 강감찬의 호령에 혼쭐이 난 아랫사람들은 더 이상 강감찬을 무시할 수 없었겠지요?

　네 번째 이야기예요. 강감찬이 재상의 자리에 올라 중국 송의 사신을 만났을 때의 일이에요. 갑자기 송의 사신이 강감찬에게 큰 절을 하며 이렇게 말했어요.

　"문곡성(별자리 이름)이 오래도록 보이지 않더니 바로 여기 계셨군요."

　강감찬에게서 뿜어져 나오는 면모를 보고 그가 별의 정기를 받아 태어난 것이라고 생각한 것이지요.

　위의 네 가지 이야기 중에는 믿기 힘든 이야기도 있지만 모두 강감찬이 보통 사람이 아니었음을 보여 주고 있어요. 아마도 옛 사람들이 강감찬을 거란의 10만 대군을 물리친 영웅으로 생각했기 때문일 거예요.

　강감찬은 귀주 대첩 당시 나이가 71세였고, 귀주 대첩 후에는 최고 벼슬인 '문하시중'의 자리에까지 올랐어요. 그리고 1031년 83세의 나이로 조용히 숨을 거두었지요.

　강감찬이 죽자 나라에서는 그의 일대기를 적어 놓은 비석, 장군의 동상 등을 세워 그의 공을 사람들에게 널리 알렸어요.

인물 핵심 분석 ▶ 강감찬

QR 코드를 찍으면 고종훈 선생님의 강의를 볼 수 있어요.

귀주 대첩의 영웅
강감찬

시대 ▶ 948년~1031년
제일 싫은 나라 ▶ 거란
제일 기억에 남는 전투 ▶ 귀주 대첩
지금 생각나는 사람은? ▶ 소배압
마지막으로 하고 싶은 말 ▶ 성을 쌓아 나라를 지키자!
연관 검색어 ▶ 귀주 대첩, 천리 장성, 거란 침입
역사적 중요도 ▶ ★★★★☆
시험 출제 빈도 ▶ 높음

사기가 떨어진 거란군을 강감찬이 귀주에서 크게 격파

거란의 침입을 강감찬이 잘 막아냈어요.

거란은 강동 6주를 돌려달라며 다시 고려를 침입하였습니다. 강감찬은 흥화진 강물을 막았다가 터트려 거란군에게 큰 피해를 주었으며 돌아가는 거란군을 공격하여 귀주에서 큰 승리를 거두었습니다. 이것이 유명한 흥화진 전투와 귀주 대첩이에요.

인물 관계 분석

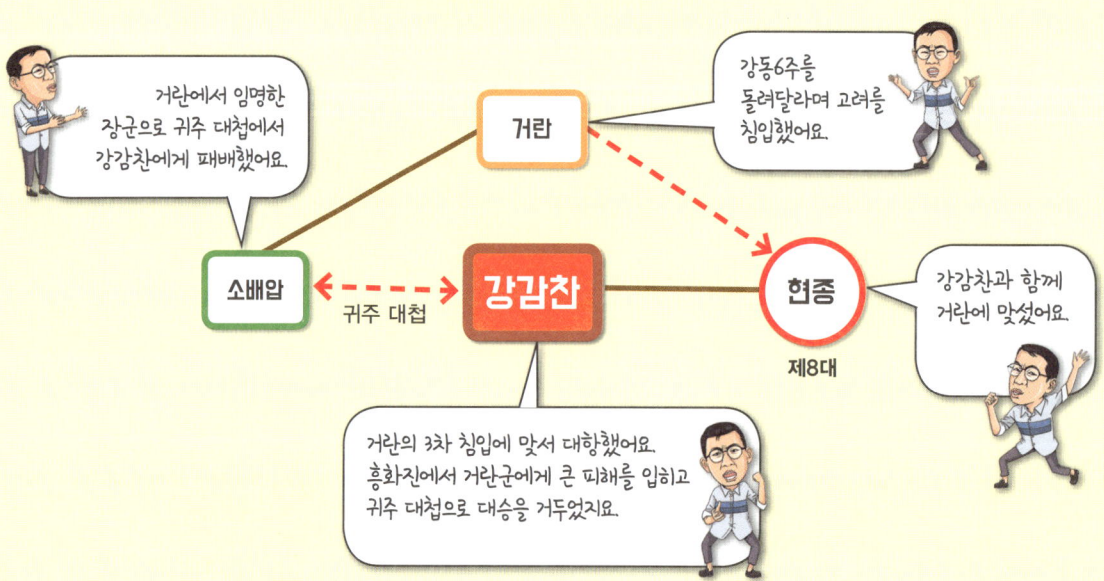

거란에서 임명한 장군으로 귀주 대첩에서 강감찬에게 패배했어요.

강동6주를 돌려달라며 고려를 침입했어요.

소배압 ←--- 귀주 대첩 ---→ 강감찬 ——— 현종 (제8대)

거란

강감찬과 함께 거란에 맞섰어요.

거란의 3차 침입에 맞서 대항했어요. 흥화진에서 거란군에게 큰 피해를 입히고 귀주 대첩으로 대승을 거두었지요.

1 인물 초대석

생방송 한국사

사립학교의 원조, 최충의 9재학당

고려는 지금 사립학교의 전성시대라고 할 수 있습니다. 이 같은 열풍을 이끈 주역은 바로 최충인데요. 오늘은 최충 선생님을 직접 모시고 고려의 사립학교에 대해 이야기를 나눠 보겠습니다. 최충 선생님 안녕하십니까? 먼저 학교를 설립하게 된 계기부터 말씀해 주시겠습니까?

최충

안녕하세요. 최충이라고 합니다. 저는 22세에 처음 벼슬길에 올라 고려를 위해 한 평생 몸 바쳐 열심히 일했어요. 그러다보니 세월이 훌쩍 흘러 나이가 벌써 70이 되어 버렸고, 벼슬에서 물러나게 되었죠.

정치에서 물러난 후 '마지막으로 고려에 충성할 수 있는 방법이 무엇일까?'를 고민했어요. 그런데 그때 젊은 시절부터 꾸준히 관심을 가졌던 학당 일이 떠올랐죠. 그 후로 저는 학교를 세워 인재를 키우는 일에 온 힘을 쏟았어요. 인재를 길러 내는 일이야말로 나라 발전에 이바지하는 길이라고 생각했거든요.

그렇군요. 최충 선생님이 세운 학당은 현재 엄청난 인기를 끌고 있는데요. 여기에 대해 어떻게 생각하십니까?

86 최충 | 고려의 사립학교 교장

 '과거를 보려는 자들은 최충의 학당에 입학하는 것이 마땅하다.' 라는 말이 있다죠? 제 자랑 같지만 제가 당대 최고의 학자로 소문이 나서 그런 것 같아요. 사실 사립학교를 세우겠다고 마음을 먹은 것도 당시 공립학교에서 제대로 된 수업을 하지 못하고 있다는 생각 때문이었어요.

아시다시피 현재 고려는 유학을 공부해 과거를 치르려는 사람들이 거리에 차고 넘치지만, 국자감과 향교 같은 학교는 거란과 치른 전쟁의 후유증으로 제 기능을 못하고 있는 상태잖아요? 게다가 국자감은 신분을 가려 입학을 제한하는데, 우리 학당 같은 경우는 일반 백성도 차별 없이 받아들이고 있어요. 배움에 귀천이 어디 있겠어요? 이런 점도 사립학교의 돌풍에 한몫을 했겠지요.

잘 알겠습니다. 최충 선생님이 세운 학당은 '9재학당'이라고 불리고 있는데요. 그 뜻은 무엇인가요?

처음 학당이 문을 열 당시 제 강의를 들으려는 사람이 워낙 많아 주변 거리까지 넘칠 정도였어요. 한마디로 말해 대박이 난 거예요. 그래서 이들을 9개의 글방에 나누어 가르쳤어요. 이렇게 해서 9재학당이 생겨났고, 저는 최초의 사립학교 설립자가 된 것이죠.

그럼 교육 과정이 어떻게 되는지 간단히 설명해 주시겠습니까?

아무래도 과거를 치르기 위한 교육이 주로 이루어지다 보니, 9경과 3사를 위주로 하고 있어요. 이와 더불어 성품 교육도 하고 있죠.

9경 3사

대개 9경은 『논어』·『주역』·『서경』·『시경』·『의례』·『주례』·『예기』·『춘추좌씨전』·『공양전』이며, 3사는 『사기』·『한서』·『후한서』예요.

각촉부시(刻燭賦詩)
초에 금을 그어놓고 그 금이 타기 전까지 시를 짓게 하는 경시대회

일가견(一家見)
어떤 일에 대해 훌륭한 경지를 이룬 것

그중 성품 교육이 9재학당만의 특징이자 전통이라고 들었습니다. 성품 교육은 어떻게 이루어지나요?

특별할 것까지는 없고 시와 문장을 가르치고 있어요. 간혹 졸업한 선배들이 찾아오면 '각촉부시'라는 시 짓기 대회를 열어요. 우수한 시를 벽에 붙이고, 모두 한자리에 모여 술잔을 돌리는 행사지요. 술자리가 진행되는 동안에는 결혼한 사람과 결혼하지 않은 사람으로 나누어 마주 보며 앉아요. 정말 아름다운 광경이랍니다. 나는 사람이란 무릇 예의와 질서를 지킬 줄 알아야 인격 완성을 이룰 수 있고, 더 나아가 진정한 선비가 될 수 있다고 생각해요. 이러한 철학 때문에 시 짓기 대회와 술자리 행사는 9재학당의 전통으로 자리를 잡았지요.

정말 본받을 만한 전통이군요. 이런 식으로 선후배 간의 친분을 쌓으면 나중에 벼슬을 할 때에도 서로 도움을 주고받을 수 있을 것 같습니다. 이와 같은 9재학당을 보고 자극을 받은 고급 관료 출신 학자들이 사립학교를 세웠다고 하는데요.

맞습니다. 벌써 개경에만 해도 12개의 학당이 생겼는데, 이것을 '사학 12도'라고 하지요. 사학 12도의 설립자 대부분이 과거를 치른 학자로 유학 교육에 관해서는 모두 **일가견**이 있어요. 내 입으로 말하기 부끄럽지

88 최충 | 고려의 사립학교 교장

만, 사학 12도를 중심으로 지방에까지 유학 열풍이 불고 있다고 하는군요.

그중 으뜸은 역시 최충 선생님의 학당이겠지요. 최충 선생님의 학당은 선생님의 **시호**를 따라 '문헌공도'라고도 불리고 있습니다. 학당의 학생이 수백 명에 이를 정도로 **문전성시**를 이루고 있는데, 그렇다면 과거에 합격하는 자들도 많습니까?

 그럼요. 과거에 급제해도 벼슬을 얻지 못하는 자들이 많지만, 저의 제자들은 합격과 동시에 모두 벼슬을 얻었어요. 덕분에 제 체면도 차렸지요. 에헴!

시호
왕이나 왕비를 비롯해 벼슬한 사람이나 학덕이 높은 선비들이 죽은 뒤에 국왕으로부터 받는 이름

문전성시(門前成市)
사람이 많아 집 문 앞이 시장을 이루다시피 함

정말 대단하군요. 최충 선생님이 '해동공자'로 불리는 데는 다 그만한 이유가 있었네요. 참고로 해동공자(海東孔子)는 중국의 공자와 견주는 말로, 9재학당을 세워 훌륭한 제자들을 많이 길러 냈기 때문에 붙은 별명입니다. 동방의 공자라는 의미죠.

 허허, 과찬의 말씀이오. 모쪼록 얼마 남지 않은 인생도 사학 발전에 온 힘을 기울여 나라에 보탬이 되는 인재가 많이 나오길 바랄 뿐이라오.

사학 12도는 고려의 대표적 교육 기관이라고 하는데, 최충 선생님과 대화를 나눠보니 그 말을 정말 실감하겠습니다. 오늘 말씀 감사합니다.

어느 호족 소년의 일기 : 문벌 귀족의 특권, 음서제와 공음전

10××년 5월 2일

요즘 과거 합격을 위해 최충의 문헌공도에 입학하려는 자들이 줄을 서고 있다고 한다. 하지만 나는 그럴 필요가 없다. 나는 호족의 자손으로, 음서제의 혜택을 받고 있기 때문이다. 나같이 공부하기 싫은 사람에게 음서제는 축복과도 같다.

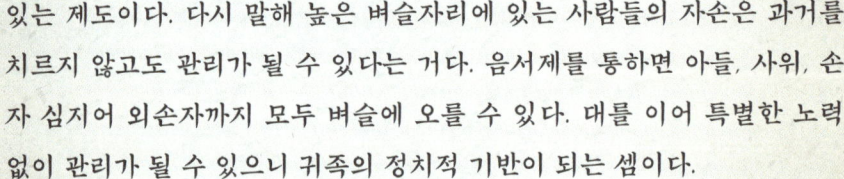

음서제는 아버지나 할아버지 등의 조상이 음덕이 있으면 자손이 관리가 될 수 있는 제도이다. 다시 말해 높은 벼슬자리에 있는 사람들의 자손은 과거를 치르지 않고도 관리가 될 수 있다는 거다. 음서제를 통하면 아들, 사위, 손자 심지어 외손자까지 모두 벼슬에 오를 수 있다. 대를 이어 특별한 노력 없이 관리가 될 수 있으니 귀족의 정치적 기반이 되는 셈이다.

태조 왕건의 건국 이후, 호족 세력의 힘이 강해 왕권이 쉽게 안정되지 못했다. 그래서 광종은 왕권을 강화하기 위해 과거제를 시행했다. 하지만 과거제가 실시되었다고 해서 모든 관리를 과거로만 뽑지는 않았다. 만약 그랬다가는 호족들이 힘을 합쳐 왕권을 위협할 수도 있기 때문이었다. 그래서 호족 세력은 과거제가 시행되어도 여전히 음서의 혜택을 받았다.

사실 고백하자면, 음서를 통해 관리가 되는 것이 그다지 명예롭지는 않다. 나라고 과거제를 통해 능력을 인정받길 원하지 않겠는가? 그렇다고 음서제로 관리에 등용된 것이 부끄러운 것은 아니다. 음서를 받을 수 있다는 것 자체가 자신의 핏줄이 훌륭하다는 것을 증명해 주는 것 아니겠는가!

 최충 | 고려의 사립학교 교장

10××년 5월 3일

고려에서는 벼슬이 높은 사람에게 대대로 물려줄 수 있는 토지를 주고 있다. 이것을 공음전이라고 한다. 음서제와 함께 고려 귀족들의 신분과 권력을 이어 나가는 데 큰 도움을 주고 있는 제도이다. 나는 음서제와 공음전만 있으면 문제될 게 없다! 조상을 잘 만난 덕에 아무 노력 않고 관리가 되고 땅도 받는다는데 평생 무슨 걱정이 있겠는가?

정말이지 이 좋은 제도를 누가 만들었는지, 그 분을 만나게 되면 엎드려 절이라도 하고 싶다. 공음전은 '자손이 나라를 배반하거나 심각한 죄를 짓는 경우'를 제외하고는 물려받을 수 있도록 했다. 또 자식이 없는 사람은 사위·조카·양자 등에게도 물려줄 수 있다. 이는 공음전이 비록 국가에서 지급된 것이지만 개인 소유와 다름없음을 보여 주는 것이라고 할 수 있다.

그런데 공음전을 받는 자들 중에서 자신의 권력을 이용해 불법으로 토지를 빼앗거나, 사고팔기도 하는 자가 간혹 있다고 들었다. 사실 이건 옳지 않은 일이지만 대부분 그냥 넘어간다. 피해자는 우리 귀족과는 아무 상관 없는 일반 백성일 뿐이므로.

이 같은 공음전은 귀족들이 경제적·정치적 특권을 유지하는 바탕이 되었다는 건 아무도 부정할 수 없다. 우리가 권세를 부리며 사치를 누릴수록 백성들의 삶은 더욱 어려워지겠지만 뭐 어쩔 수 없다. 타고난 신분이 다른 것을….

 고종훈의 한국사 브리핑

인물 핵심 분석 ▶ 최충

QR 코드를 찍으면 고종훈 선생님의 강의를 볼 수 있어요.

시대 ▶ 984년~1068년
내가 제일 잘한 일 ▶ 최초의 사립학교를 세운 것
나의 자랑은? ▶ 우리 학교 학생들의 과거 합격률!
나를 한마디로 표현한다면? ▶ 고려의 해동공자
마지막으로 하고 싶은 말 ▶ 과거에 붙고 싶으면 최충 학당으로 오시오!
역사적 중요도 ▶ ★★★☆☆
시험 출제 빈도 ▶ 보통

최충이 9재학당을 세웠어요.

최충은 퇴직 후 자신의 학문적 역량을 바탕으로 사립학교를 세웠습니다. **최충의 학교는 많은 과거 합격자들을 배출하고 유학 발전에 공헌했어요.** 최충의 9재학당 이후 다른 유학자들도 학교를 세워 고려 사회에 유교 교육이 널리 퍼졌답니다.

고려에는 음서제가 있었어요.

고려 시대에 관리가 되는 방법으로 과거제 외에도 음서제가 있었습니다. **음서제는 높은 관직에 있던 사람의 자손들에게 시험없이 관직을 주는 제도예요.**

고려의 공음전으로 귀족들이 권력을 유지했어요.

고려의 관리들은 나라로부터 땅을 받았습니다. 나라에서 받은 땅은 다시 돌려주지 않고 자손들에게 물려줄 수 있었어요. 음서제와 공음전을 통해 고려의 귀족들은 권력을 유지할 수 있었지요.

1 인물 초대석

*생방송*한국사

왕자 출신 의천, 해동 천태종을 창시하다

오늘은 4월 초파일, 부처님 오신 날입니다. 날이 날이니만큼 이번 시간에는 의천 스님을 모셨습니다. 의천 스님은 불교에 큰 뜻을 두고 중국 유학까지 다녀오셨는데요. 이 자리에 직접 모시고 자세한 이야기 들어보겠습니다. 스님, 자기소개 먼저 부탁드립니다.

의천

안녕하세요. 의천입니다. 저는 고려의 11대 왕 문종의 넷째 아들로 태어났어요. 제가 11살 되던 해에 아버지 문종은 자식들을 불러 놓고 "누가 **출가**하여 훌륭한 스님이 되어 나라와 왕실에 복을 쌓겠느냐?"고 물으셨어요. 당시 고려 사회에서 승려가 된다는 것은 사회적 지위와 명예를 동시에 얻는 일이었지요. 저는 마침 불교에 뜻을 두고 스님이 되기로 마음을 먹었던 터여서, 선뜻 출가 의사를 밝혔답니다.

출가
불교에서 세속의 인연을 버리고 성자의 수행 생활에 들어가는 일을 뜻함.

그렇군요. 출가를 한 후에는 어땠습니까? 왕자의 신분으로 어려움이 있지는 않으셨습니까?

저는 영통사라는 절에 들어가 스님이 되었어요. 좀 재수 없게 들리시겠지만, 저는 공부가 제일 쉬웠기 때문에 불교 경전은 물론이고 유교, 도교까지 모두 공부했죠. 그러다 문득 '더 깊은 깨달음을 얻기 위해서는 더 넓은 곳으로 가서 배워야 한다. 그러니 송으로 유학을 가자.'는 생각이 들었어요. 저는 그 즉시 제 형인 **선종**에게 허락을 구했지만, 형님은 허락하지 않으셨어요.

"알다시피 고려는 거란에 의해 공식적으로 송과의 외교 관계를 끊은 상태야. 네가 송에 간다면 거란의 심기를 건드리게 될거야."라고 하며 말리셨지요.

선종

문종이 죽자, 문종의 장남인 순종이 뒤를 이어 12대 왕에 올랐어요. 그러나 그가 병이 들어 일찍 세상을 떠나게 되자 둘째 아들 선종이 13대 왕이 되었어요.

그럼 결국 유학은 좌절되고 만 겁니까?

천만에요. 누구도 저의 의지를 꺾을 순 없었죠. 저는 1085년, 편지 한 통만을 남긴 채 중국 상인의 배를 타고 몰래 송으로 떠났어요. 송의 황제는 저를 궁궐로 맞이해 대접해 주었고 관리로 임명하는 등 파격적으로 대우해 주더군요. 그곳에서 저는 특히 천태종에 관심을 갖고 깊이 연구했어요.

천태종이라고요? 천태종이 어떤 종파인지는 차차 여쭤보기로 하고, 우선은 유학 이후가 궁금하군요. 그럼 고려로 다시 돌아온 것은 언제였습니까?

유학한 지 1년이 지났을 때였나? 어느 날 어머니께서 귀국하라는 편지를 보내셨죠. 아직 배울 것이 많이 남아 있다고 생각했지만, 어머니의 간절한 부탁이니 어쩔 수 없었죠. 저는 불경 3천여 권을 배에 싣고 고려로 돌아와서는 그 책들의 교리를 모아 밤낮으로 정리했어요. 엄청난 작업이었죠. 하…, 그때 생각만 해도 눈이 아프네요.

흥왕사
고려 개경 근처에 있던 화려한 절이에요. 총 2천8백 칸의 규모로 대궐과 크기가 비슷했다고 해요.

교종과 선종
교종은 교리를 중시했고, 선종은 깨달음을 중시했어요.

쾌거
통쾌하고 장한 행위

3천여 권이라……. 정말 존경스럽습니다. 그렇게 방대한 작업을 하신 후에는 무엇을 하셨습니까?

이후 저는 **흥왕사**의 주지가 되었는데, 이때부터 천태종을 고려에 제대로 알릴 계획을 세웠어요. 사실 그간 고려의 조정과 백성들은 천태종에 관심을 두지 않았어요. 고려에 천태종이 제대로 알려지지도 않았으니 그건 당연한 일이었죠.

아까도 잠깐 이야기가 나왔는데, 천태종이란 것이 도대체 어떤 건가요?

먼저 제가 천태종에 관심을 갖게 된 이유부터 말씀드리는 것이 좋겠군요. 고려 중기의 불교는 **교종**과 **선종**이 서로 파를 나눠 신경전을 벌이고 있었습니다. 교종은 불경 공부만 중요하게 생각해 수행은 뒷전이었고, 선종은 수행만 하고 불경 공부를 제대로 하지 않았어요. 자기 방식만 옳다고 생각하며 남을 거부하는 것은 옳지 않잖아요?

그래서 저는 분열된 불교계를 통합하기 위해 천태종을 들여와 해동 천태종을 창시하였어요. 천태종은 교종과 선종을 동시에 강조하는데, 교종이 중심이 되어 선종을 아우르고 있지요.

이제야 이해가 되는군요. 그럼 성공적으로 해동 천태종을 이끄셨나요?

네, 다행스럽게도 왕실과 귀족들이 먼저 지지해 주었어요. 덕분에 교종을 중심으로 선종을 통합하자는 운동을 전국적으로 펼칠 수 있었죠. 또, 그 후에는 천태종의 승과를 실시하여 정식 종파로도 인정을 받았어요. 정말 **쾌거**가 아닐 수 없었죠.

그동안 정말 수고가 많으셨겠군요. 방금 승과에 대해 언급하셨는데, 승과에 대해 잠깐 설명 좀 부탁드리겠습니다.

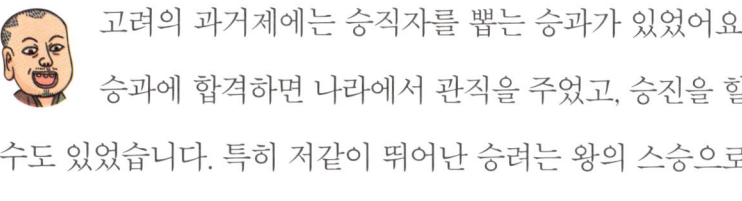 고려의 과거제에는 승직자를 뽑는 승과가 있었어요. 승과에 합격하면 나라에서 관직을 주었고, 승진을 할 수도 있었습니다. 특히 저같이 뛰어난 승려는 왕의 스승으로 삼아 높은 벼슬을 내려 주기도 했지요.

▲ 의천

그렇군요. 그럼 고려에서 불교란 과연 어떤 의미를 갖는 걸까요? 마지막으로 고려의 불교에 대해 한 말씀해 주시겠습니까?

불교는 백성들의 마음을 안정시키고 하나로 모으는 힘을 가지고 있어요. 고려에서는 유교 이념을 바탕으로 정치를 했지만 '백성들의 마음을 지배하는 것은 불교'라고 생각했지요. 태조가 남긴 훈요 10조에서도 연등회와 팔관회 등을 열어 불교를 숭상할 것을 강조했어요. 이에 따라 불교 발전을 위해 사원은 세금을 내지 않았고, 승려들은 나랏일에 동원되지 않았답니다. 이러한 정책 덕분에 고려의 불교는 왕실에서 백성까지 모두가 믿는 종교로 발전할 수 있었지요.

의천 스님이 세상을 떠나시면 '대각국사'라는 시호가 내려질 것이라고 하는데요. 대각국사는 '큰 깨달음을 얻은 나라의 스승'이라는 뜻이라고 합니다. 이상 불교 발전을 위해 힘쓴 의천 스님과 대화를 나누어 봤습니다.

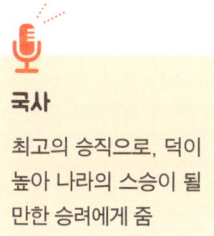

국사
최고의 승직으로, 덕이 높아 나라의 스승이 될 만한 승려에게 줌

고려의 민족 대축제, 팔관회와 연등회

팔관회

팔관회에서 팔관(八關)이란 지켜야 할 8가지 규범을 말해요. 죽이지 말 것, 훔치지 말 것, 거짓말 하지 말 것, 술 마시지 말 것 등의 8가지 규범이지요. 팔관회는 본래 불교 신자들이 만 하루 동안 팔관을 실천하는 불교 행사로, 삼국 시대부터 시작되었어요.

그러다 고려 시대에 이르러 매년 정기적으로 개최되는 국가 행사로 바뀌었고, 우리나라의 하늘 신, 산 신, 강 신, 용 신 등 불교와는 관련 없는 토속 신을 섬기며 복을 비는 행사로 변화했어요.

팔관회는 사흘에 걸쳐 진행이 되는데요, 첫째 날에는 왕이 역대 왕에게 제사를 올린 뒤 개경의 신하와 지방에서 올라온 신하들의 축하를 받습니다. 둘째 날에는 여진과 송 등에서 온 사신들이 왕에게 축하 인사와 선물을 드리고, 왕은 그에 대한 감사 표시로 선물을 내려 주지요.

이러한 행사가 끝나면 왕과 신하들은 각종 공연을 즐겼고, 백성들도 춤과 노래를 즐기며 온 세상이 평화롭게 되기를 기도했어요.

사실 팔관회와 연등회는 성종 때 최승로의 건의로 잠시 폐지된 적이 있었어요. 하지만 현종이 왕위에 오른 후에는 한 해도 거르지 않고 열려 고려의 가장 중요한 축제 가운데 하나로 자리 잡았답니다.

연등회

오늘날에도 부처님 오신 날 무렵이 되면 절뿐만 아니라 거리 곳곳에 연등을 걸어 어둠을 밝힙니다. 고려 사람들에게도 연등회는 손꼽아 기다리는 축제 중 하나였어요. 고려 시대에는 매년 음력 정월 대보름에 연등회를 열었어요. 특별히 부처님이 탄생한 날에 열기도 하지요. 연등회가 열리면 개경 전체에 등불이 켜져 밤이 대낮처럼 환했다고 해요. 이 날은 온 백성들이 거리에 나와 축제를 즐겼어요.

그런데 여러분, 원래 연등회는 이런 축제가 아니었어요. 연등회는 처음 인도에서 시작된 불교 행사로 꽃이나 향 등을 부처님께 바침으로써 남을 미워하는 마음, 욕심과 어리석음을 없애고자 한 공양의 하나였지요. 그런데 중국과 우리나라로 전해지면서 축제의 성격이 더해져 오늘날까지 이어져 오게 된 것이랍니다. 기록에 따르면 고려 문종 때 행해진 연등회 때에는 3만 개의 등이 거리에 걸렸으며, 5일 동안 밤낮으로 연등회가 열린 적도 있었다고 해요. 연등은 어둠을 밝혀 복을 구한다는 의미가 있는데, 5일 동안 열렸다면 정말 복이 어마어마하게 내렸겠네요!

스페셜뉴스 　 문화계 소식

고려 시대에 못생긴 불상이 많이 만들어진 까닭은?

김역사 기자

안녕하십니까? 문화계 소식 시간입니다. 고려는 불교 국가였던 만큼 불상과 탑을 많이 만들었고, 지방에 따라 그 모양도 다양했는데요. 특히 커다랗고 못생긴 불상들이 많이 만들어졌다고 해요. 다음 불상을 보세요. 얼굴이 크고 못생겼지만 강한 기상을 느낄 수 있지요? 이렇게 생긴 불상들은 주로 지방에 많았답니다. 그 이유는 대체 무엇일까요? 지방의 한 호족을 만나 그 이유를 들어보겠습니다.

안녕하시오. 나로 말할 것 같으면, 파주에서 방귀 좀 뀐다는 호족이외다. 그건 그렇고 궁금한 게 뭐라 그러셨소? 아, 그렇지. 지방의 불상이 왜 이렇게 크고 못 생겼냐고?

그 이유는 바로 지방 호족들이 불상들을 만들었기 때문이라오. 아시다시피 고려는 특히 호족들의 힘이 강했고, 고려를 세우는 데도 큰 역할을 하지 않았소? 이러한 사정은 개경의 호족은 물론이고 지방의 호족도 마찬가지였소. 후삼국 통일 당시 9만의 군사 가운데 7만은 전국 곳곳에 있는 호족 부대였다고 하니 호족의 힘이 얼마나 큰지 상상이 가시겠소?

보통 사람들은 불상을 통해 자신들의 소원을 빌고자 하지요. 하지만 강한 힘을 가진 지방의 호족들은 소원을 빌기 위한 목적보다는 자신의 힘을 남들에게 자랑하기 위해 불상을 만들었소.

특히 호족들의 힘이 강했던 고려 초기에 지방 호족들 사이에 불상을 만드는 것이 유행처럼 번졌소. 갑작스럽게 불상이 여기저기 만들어지자 기술자가 부족해졌소. 지금도 그렇지만 기술이 뛰어난 사람은 수도에 몰려 있기 마련이지 않소? 지방 호족들은 하는 수 없이 지방의 기술자들을 불러 불상을 만들게 했는데 그 결과가 바로 이 투박하고 개성 넘치는 불상들이라오. 이제 이해가 좀 가시려나?

◀ 관촉사 석조 미륵보살 입상

네. 귀에 쏙쏙 들어오는 설명 감사합니다. 그런데 이 불상들은 언뜻 봐도 크기가 정말 어마어마한데요. 석공들이 얼마나 고생을 했을지 짐작이 가는군요. 불상을 왜 이렇게 크게 만들었나요?

기자 양반 말씀대로 이 불상들은 석공들의 땀과 눈물로 만들어진 것이라 해도 과언이 아니라오. 이 자리를 빌려 석공들에게 감사하다는 말을 전하고 싶소.

앞에서 말한 대로 지방 호족들은 자신의 힘을 과시하기 위해 불상을 만들었소. 그래서 불상의 크기가 마치 자신의 힘의 크기를 증명하는 것처럼 되어 버린 거라오. 호족의 바람대로 백성들은 그러한 불상을 보며 호족의 강력한 힘과 부처의 위대함을 동시에 느꼈다오.

왼쪽의 관촉사 석조 미륵보살 입상을 다시 한 번 보시겠소? 이 불상은 실제 높이 18.12m, 귀의 길이가 1.8m이라오. 정말 거대하지 않소? 968년부터 1006년까지 거의 40년에 걸쳐 완성되었소. 얼굴이 몸의 거의 절반을 차지하지요. 예술성이나 세련미 대신 누가 봐도 주눅이 들 만큼 강한 힘을 표현한 것이라오.

파주 용미리 마애 이불 입상은 높이 17.4m의 암벽을 몸체로 삼아 그 위에 따로 목과 머리와 갓을 차례로 올려놓았소. 전체적인 신체 비율은 맞지 않지만, 워낙 큰 불상이라 보는 사람이 정신적으로 억눌림을 느낄 정도라오.

◀ 파주 용미리 마애 이불 입상

말씀 감사합니다. 오늘 살펴본 고려 초기의 불상들은 화려하거나 세련되지는 않았지만 호족 특유의 강한 힘과 정감이 자연스럽게 느껴지는 것이 공통적인 특징이라고 할 수 있겠습니다. 이상 문화계 소식을 마치겠습니다.

고종훈의 한국사 브리핑

인물 핵심 분석 ▶ 의천

QR 코드를 찍으면 고종훈 선생님의 강의를 볼 수 있어요.

시대 ▶ 1055년~1101년
가장 기억에 남는 순간 ▶ 흥왕사를 세웠을 때
나의 꿈은? ▶ 모든 종파를 조화롭게 아우르는 것
가장 기뻤던 순간은? ▶ 해동 천태종이 정식으로 인정받았을 때
연관 검색어 ▶ 해동 천태종, 흥왕사, 고려 불교
역사적 중요도 ▶ ★★★☆☆
시험 출제 빈도 ▶ 보통

고려는 불교를 중시하는 나라였어요.

건국 초부터 고려는 불교를 중시하였습니다. 팔관회와 연등회를 열어 백성들을 불교 행사에 참여시켰지요. 고려의 불교는 백성을 하나로 묶어 주는 정신적 지주 역할을 하였습니다. 이 때문에 사회도 안정될 수 있었지요.

의천이 해동 천태종을 창시했어요.

의천은 왕자로 태어났지만 불교에 귀의하여 폭넓은 불교 공부를 하였어요. 중국에 유학해 천태종을 공부하였으며, **고려에 돌아와서는 해동 천태종을 창시했어요.** 천태종은 교종을 중심으로 선종을 통합한 종파로, 고려의 불교 발전에 이바지하였어요.

팔관회와 연등회는 고려 불교의 대표적 행사예요.

팔관회는 본래 불교 의식이었으나 고려 시대에 이르러 토속신에게 복을 비는 행사로 변화하였어요. **팔관회는 매년 국가적인 행사로 개최되었어요.** 고려 시대에 연등회는 전국 곳곳에 등불을 밝히고 복을 기원하는 축제였어요.

1 인물 초대석

생방송 한국사

여진을 몰아내고 동북 9성을 쌓다

12세기에 들어서 만주 지역의 여진이 성장해 고려를 위협하고 있습니다. 바로 이때 고려를 구한 장수가 나타났다고 하는데요. 바로 윤관입니다. 오늘 인물 초대석 시간에는 윤관 장군을 모셨습니다. 윤관 장군님, 안녕하십니까? 자세한 설명 부탁드립니다.

윤관

안녕하십니까? 먼저 여진에 대해 말씀드리겠습니다. 여진은 원래 만주 지역에 살던 민족으로, 고려에 선물을 바치면서 고려를 부모의 나라로 섬겼지요. 그런데 12세기부터 여진의 세력이 커지더니 16대 예종 시절에 이르러서는 이 못된 놈들이 함경도 지역까지 내려와 백성들을 자주 괴롭혔어요. 심지어 백성들의 집을 불태우고 먹을 것을 모두 빼앗기도 했지요.

이전부터 고려는 몇 차례나 군대를 보내 여진과 맞서 싸운 적이 있었지만 모두 지고 말았습니다. 얼마 전에는 임간이라는 자가 여진과의 싸움에서 절반 이상의 군사를 잃기도 했어요. 이때 고려 조정은 사태의 심각성을 깨닫고 저에게 여진 정벌을 명령했어요. 그때까지만 해도 저는 전쟁에 나가는 장수는 아니었습니다. 사실 저는 과거에 합격해 관리로 일하고 있었거든요.

그렇다면 여진 정벌 전까지 전쟁 경험은 전혀 없었던 셈이군요?

 그렇습니다. 당시는 누구라도 마찬가지였을 겁니다. 아시다시피 고려는 거란과의 전쟁이 끝난 후 최근 100년 동안 아주 평안한 날들을 보냈으니까요. 그래서인지 제가 이끄는 군대 역시 여진 앞에서 맥없이 무너지고 말았어요.

정말 아쉽군요. 그럼 고려는 여진 정벌에 실패한 겁니까?

 그건 아닙니다. **숙종**은 여진에게 본때를 보여 주고 반드시 그들의 땅을 빼앗고야 말겠다는 의지가 있었어요. 고려는 태조 때부터 고구려의 계승자임을 주장했고, 여진이 살고 있는 땅도 고구려 땅이기 때문이지요. 저 또한 결코 포기하지 않았어요! 저는 여진에게 크게 패한 원인을 분석한 후 숙종을 찾아갔어요.

"여진의 군대가 **기마병** 중심인데 고려군은 **보병**이기 때문에 불리합니다. 여진에 제대로 맞서기 위해서는 새로운 군대가 필요합니다."

저는 숙종에게 정규군 이외에 별도의 부대를 만들어 줄 것을 건의했어요. 숙종은 바로 별무반을 조직하도록 허락했답니다.

숙종
고려의 제15대 왕

기마병(騎馬兵)
말을 타고 싸우는 군사

보병(步兵)
걸음으로 전투하는 군사

별도의 부대라고요? 그게 별무반입니까?

 네, 별무반은 '정규군과는 별도로 운영하는 부대'라는 뜻입니다. 별무반은 신기군과 신보군, 항마군으로 나뉘는데 신기군은 기마병, 신보군은 보병, 항마군은 승려로 구성되었지요. 별무반에는 문신과 무신, 승려, 상인, 노비 등 모든 계층이 동원되었습니다.

별무반은 백성 총동원 부대라고 할 수 있겠네요. 그럼 훈련도 받았나요?

물론입니다. 정규군 못지않게 사계절 쉬지 않고 충실히 훈련을 받았어요. 별무반 중에서도 신기군이 인기가 높았는데 말을 가진 백성이라면 누구나 신기군이 될 수 있었지요. 신기군은 평상시에도 말 타고 무기 쓰는 법을 훈련했습니다.

그렇다면 별무반의 성과는 어떠했나요?

저는 별무반을 이끌고 1107년 겨울, 여진 정벌에 나섰습니다. 정벌에 나선 고려군은 약 17만 명이었지요. 겨울에 전쟁에 나선 것은 여진을 먼저 공격하기 위해서였습니다. 아무래도 날씨가 추우면 식량도 부족하고, 기병의 움직임이 둔해지거든요. 여진은 기병이 강했기 때문에 기병을 꼼짝 못하게 만드는 것이 중요했지요.

마침내 저는 국경 지역에 이르러 여진의 추장들을 달콤한 말로 불러 모았습니다. '포로로 잡혔던 추장 두 명을 풀어 주려고 하니 직접 와서 모셔가라.'고요. 이 말을 곧이곧대로 믿은 여진의 추장들은 곧장 달려왔습니다. 저는 잔치를 벌여 그들에게 술을 먹인 후 단칼에 목을 베어 버렸죠. 이후 고려군은 여진이 사는 성을 거침없이 공격했답니다.

하지만 고려와 여진의 **공방전**에서 고려군은 쉽사리 여진군을 이기지 못했어요. 돌파구가 필요했던 저는 척준경을 불러 '목숨을 아끼지 말고 **적진**을 돌파하라.'는 단호한 명령을 내렸습니다. 척준경은 제 말에 강한 책임감을 느껴 비 오듯 쏟아지는 화살을 뚫고 적진으로 달려가 적장 몇 명의 목을 날려버렸죠. 정말 통쾌한 순간이었어요!

공방전
서로 공격하고 방어하는 싸움

적진
적이 모여 있는 진지나 진영

윤관 | 여진을 물리치다

이때부터 고려군의 사기는 쭉쭉 올라갔어요. 저는 이 기세를 몰아 군대를 출동시켜 여진의 성을 사정없이 무너뜨렸습니다. 이때 살아서 성을 빠져 나간 여진군은 얼마 되지 않았어요. 그야말로 고려군의 대승리였지요. 이로써 여진이 살던 만주 지역은 고려의 차지가 되었고, 저는 이 지역을 오래도록 지키기 위해 동북 지방 곳곳에 9개의 성을 쌓아 **요새**로 활용하기로 했습니다. 우리가 잘 아는 **동북 9성**이 세워진 것이지요.

요새
군사적으로 중요한 곳에 튼튼하게 만들어 놓은 방어 시설

동북 9성
동북 9성의 위치에 대해서는 현재 정확하게 알 수 없어요.

동북 9성은 잘 유지되었습니까? 여진이 가만두고 볼 것 같지 않은데요.

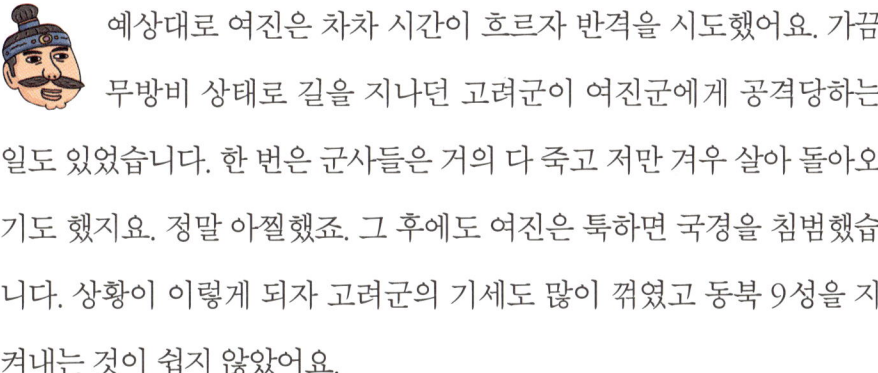
예상대로 여진은 차차 시간이 흐르자 반격을 시도했어요. 가끔 무방비 상태로 길을 지나던 고려군이 여진군에게 공격당하는 일도 있었습니다. 한 번은 군사들은 거의 다 죽고 저만 겨우 살아 돌아오기도 했지요. 정말 아찔했죠. 그 후에도 여진은 툭하면 국경을 침범했습니다. 상황이 이렇게 되자 고려군의 기세도 많이 꺾였고 동북 9성을 지켜내는 것이 쉽지 않았어요.

그러자 고려 조정에서는 동북 9성을 여진에게 돌려주자는 의견이 고개를 들기 시작했지요. 마침 여진도 '다시는 고려를 침범하지 않고 자손 대대로 조공을 바칠테니 동북 9성을 돌려 달라.'며 요구했어요. 그러니 어쩌겠어요? 아쉽지만 동북 9성을 여진에게 돌려주었지요.

네, 잘 들었습니다. 과연 여진은 약속대로 고려를 침범하지 않을지 앞으로의 움직임이 주목됩니다. 이상으로 인물 초대석 시간을 마칩니다.

조금씩 힘을 키운 여진, 드디어 나라를 세우다!

● 여진, 금(金)을 세우다

고려와의 전쟁을 끝낸 후 여진은 계속 성장했어요. 1113년에는 '아골타'라는 자가 추장이 되었는데, 이 자가 여러 부족을 흡수하면서 세력을 더욱 키워 나가더니 이듬해에는 거란을 크게 무찔렀습니다. 이어 아골타는 1115년에 스스로 황제라 칭하고 금(金)을 세웠어요. 마침내 여진이 동북아시아의 새로운 강자로 떠오른 것이지요.

● 금(金)이 요(遼)를 멸망시키다

금은 그 뒤에도 거란이 세운 요(遼)를 계속 공격했고, 궁지에 몰린 요는 고려에 군사를 요청했어요. 그러나 고려는 이전부터 거란에 대한 감정이 좋지 않았던 터였고, 괜히 다른 나라 사이의 싸움에 말려들기가 싫었어요. 그래서 요의 요청을 거절했습니다.

1125년 마침내 금은 요를 멸망시켰고, 고려에 '신하와 임금의 관계'를 맺을 것을 강요하며 본격적으로 고려를 억눌렀습니다. 이것은 지나치게 무리한 요구였지만 고려 조정은 쉽게 결정을 내리지 못했어요. 당시 금은 송(宋)의 수도까지 점령하면서 그 어느 나라도 넘볼 수 없는 강국으로 우뚝 서게 되었거든요. 결국 고려는 어쩔 수 없이 금(金)의 요구를 받아들여 금

윤관 | 여진을 물리치다

과 사대 관계를 맺게 되었답니다.
　한편, 송(宋)은 고려에게 '힘을 합쳐 여진을 정벌하자.'고 요구했지만, 고려는 이 또한 거절했어요. 자기 코가 석 자였던 거지요.

●금, 몽골군에게 무릎 꿇다
천하를 호령하며 권세를 누리던 금은 13세기 초 칭기즈 칸이 이끄는 몽골군에 의해 건국된 지 120년 만에 멸망하였습니다. 몽골은 13세기~14세기에 전 세계를 단숨에 장악했지요.

●다시 후금을 세우다
금은 몽골의 기세에 눌려 한동안 숨죽이고 있었어요. 그러다 만주에서 누르하치가 주변의 여진 부족을 하나하나 통일하여 1616년에 후금을 세웠어요. 후금은 이전의 금과 구별하기 위해 지은 이름으로, 12세기 '만주에 세워졌던 금을 계승한다.'는 의미를 가지고 있답니다.

●청(淸)으로 이름을 바꾸다
세력을 키운 후금은 1636년에 나라 이름을 청(淸)으로 바꾸었습니다. 청은 중국 최후의 왕조였는데, 수도 베이징을 차지하고 몽골의 진출까지 막으며 중국 대륙을 지배하게 되었답니다.
　청은 17세기 후반부터 크게 발전하기 시작해 19세기 초까지 강력한 국가로서 전성기를 누렸습니다. 오늘날 중국의 국경선은 청의 영토를 기초로 한 것이지요.

고종훈의 한국사 브리핑

인물 핵심 분석 ▶ 윤관

QR 코드를 찍으면 고종훈 선생님의 강의를 볼 수 있어요.

시대 ▶ ?~1111년
내가 가장 싫어하는 나라 ▶ 여진
나에게 가장 힘이 되는 것 ▶ 별무반
가장 기뻤던 순간은? ▶ 만주를 차지했을 때
가장 아쉬웠던 순간 ▶ 동북 9성을 여진에게 돌려주어야 했을 때
역사적 중요도 ▶ ★★★★★
시험 출제 빈도 ▶ 높음

윤관이 여진을 정벌했어요.

여진은 기마병이 강하여 보병 위주의 고려군은 번번이 패했어요. 윤관은 강한 기병의 필요성을 느끼고 왕에게 건의해 별무반이라는 특별 부대를 만들었습니다. 윤관은 별무반을 이끌고 여진의 근거지인 동북 지방을 점령하고 9성을 쌓아 고려의 영토를 넓혔어요.

인물 관계 분석

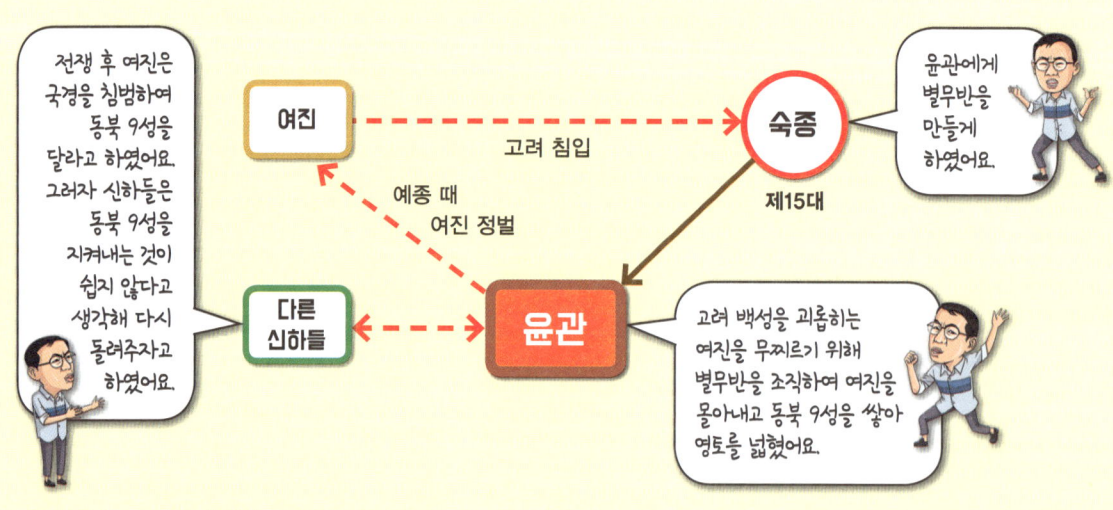

10 이자겸

문벌 귀족의 반란

시대 ?~1126년

타임라인 뉴스

?	1108	1109	1122	1124~1125	1126
이호의 아들로 태어나다	후궁이던 딸이 예종의 비가 되다	둘째 딸이 인종을 낳다	어린 인종을 왕위에 올리고 큰 권력을 휘두르다	셋째 딸과 넷째 딸을 차례로 왕비에 올리다	난을 일으켰으나 실패한 후 사망하다

1 인물 초대석

생방송 한국사

인종의 외할아버지 이자겸, 반란을 일으키다

시루에 물을 채워도 사람의 욕심은 못 채운다더니 이자겸을 두고 하는 말인 것 같습니다. 왕보다 더한 권력을 누리던 이자겸이 스스로 왕이 되고자 난을 일으켰다고 합니다. 오늘 이 시간에는 인종을 모시고, 이자겸의 난에 대해 알아보겠습니다.

인종

안녕하세요. 고려 17대 왕 인종입니다. 저는 겨우 14살에 왕이 되었어요. 16대 왕인 예종의 맏아들이지만, 너무 어린 나이에 왕이 되어 힘이 없었지요. 삼촌들은 호시탐탐 왕위를 노렸고, 이들을 지지하는 세력이 모여들어 무리를 이루었습니다. 그런 저에게 외롭다는 말은 사치였어요. 고려 조정은 항상 팽팽한 긴장감이 흐르고 있었거든요.

이러한 시달림 속에서 저는 제 편에 서 줄 든든한 지원자가 필요했는데, 그 사람이 바로 이자겸이었어요. 이자겸은 저의 외할아버지이자 장인입니다. 어떻게 외할아버지가 장인이 될 수 있는지 혼란스럽다고요? 그럼 시청자분들을 위해 설명 좀 드리겠습니다.

이자겸은 경원 이씨 출신으로, 경원 이씨 집안은 고려 시대를 대표하는 **문벌 귀족** 가문이에요. 경원 이씨 집안은 왕실의 **외척** 자리를 대부분

112 이자겸 | 문벌 귀족의 반란

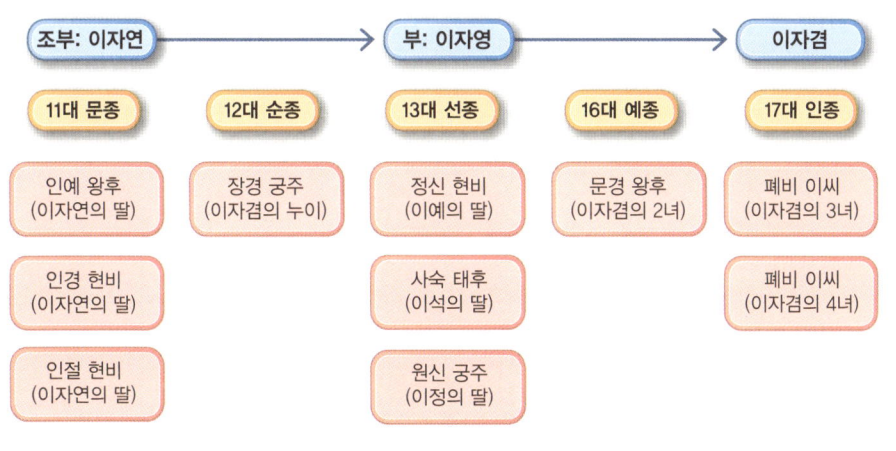

▲ 경원 이씨의 왕실과 혼인 계보도

문벌 귀족

고려 초기 과거를 통해 중앙으로 진출한 관료로, 이들은 자손 대대로 권력을 유지하며 고려의 지배층을 이루었어요.

외척

어머니 쪽의 친척을 이르는 말

척준경

고려의 무신으로, 여진 정벌에 여러 번 참가해 큰 공을 세웠어요. 그 후 높은 벼슬에 올라 많은 군사를 거느리게 되었습니다.

차지했는데, 11대 문종부터 17대 인종 때까지 자그마치 10명의 왕비가 바로 경원 이씨 집안에서 나왔답니다. 덕분에 경원 이씨 집안은 왕에 버금가는 권력과 지위를 누릴 수 있었어요.

이자겸은 16대 예종 때부터 자신의 딸 5명 중 3명을 왕실에 시집보내 혼인 관계를 맺었어요. 둘째 딸이 예종과의 혼인으로 저의 어머니가 되었고, 셋째 딸과 넷째 딸이 저의 왕비가 되었던 거지요.

이토록 막강한 권세를 가진 이자겸이라면 인종을 돌봐 주는 데서 그칠 것 같지 않은데요. 인종 대신 왕이 되고 싶은 욕심이 생긴 것입니까?

 맞습니다. 그는 시간이 지나면서 본색을 드러내기 시작했어요. 생각해 보면 제가 정말 순진했어요. 사실 이자겸이 처음 저를 돌봐 준 것도 더 강한 권력을 갖기 위해서였는데, 저는 그걸 눈치 채지 못했어요. 그는 저를 돕는다는 구실로 조정까지 좌지우지했어요. 또한 강한 군사력을 가진 무신 **척준경**과도 사돈 관계를 맺었답니다.

이렇게 되자 저의 권력은 고스란히 이자겸의 손으로 넘어가버렸어요. 이자겸은 자신의 지위를 이용해 나랏일을 제멋대로 처리했어요. 게다가 평소 자신을 아니꼽게 생각했던 한안인이라는 자를 죽이고, 그와 관련 있는 수백 명의 관료를 멀리 귀양 보냈어요. 이자겸은 말 그대로 누구도 두려울 것 없는 절대 권력자가 된 것이지요. 그러다 보니 나라의 중요한 벼슬은 모두 이자겸에게 아첨하며 따르는 자들의 차지가 되었죠.

심지어 이자겸은 자신의 집을 '의친궁'이라 이름 붙이고 자신의 생일을 '인수절'로 부르게 했어요. 집 이름에 궁(宮)을 붙이는 것은 왕이 사는 궁궐에나 가능한 일이예요. 게다가 생일에 '절(節)'자를 붙이는 것도 저 같은 왕이나 태자에게만 허락된 것인데 말이지요.

심각하네요. 더 이상 보아 넘길 일이 아닌 것 같은데요. 당시 인종께서는 이 같은 이자겸의 횡포를 전혀 모르고 있었던 겁니까?

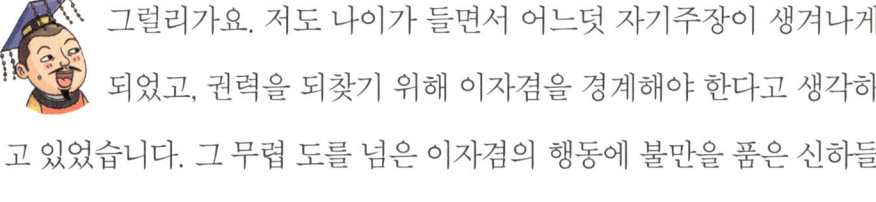
그럴리가요. 저도 나이가 들면서 어느덧 자기주장이 생겨나게 되었고, 권력을 되찾기 위해 이자겸을 경계해야 한다고 생각하고 있었습니다. 그 무렵 도를 넘은 이자겸의 행동에 불만을 품은 신하들을 중심으로 그를 제거해야 한다는 여론도 들끓고 있었어요.

하지만 외할아버지이자, 장인을 제거한다는 게 결코 쉬운 일은 아닐 텐데요.

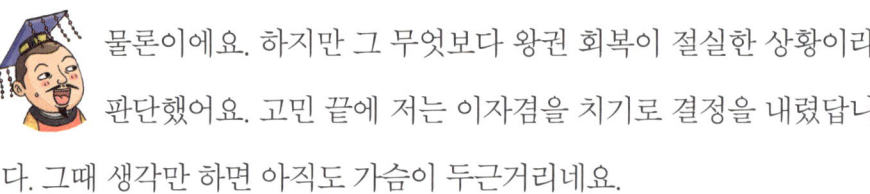
물론이에요. 하지만 그 무엇보다 왕권 회복이 절실한 상황이라 판단했어요. 고민 끝에 저는 이자겸을 치기로 결정을 내렸답니다. 그때 생각만 하면 아직도 가슴이 두근거리네요.

1126년 2월, 저의 명령을 받은 무장들은 이자겸과 척준경을 붙잡기 위해 군사를 일으켰어요. 이 소식을 들은 이자겸도 자신과 가까운 사람들을 불러 놓고 대책을 세웠는데, 이때 이자겸은 아예 반란을 일으킬 작정을 해 버렸던 거지요. 이참에 차라리 자기가 왕이 되어야겠다고 생각한 것이었어요. 이것이 바로 이자겸의 난입니다.

이자겸의 사돈 척준경은 군사를 이끌고 와 궁궐을 둘러쌌어요. 척준경 측과 왕실의 군대 사이에 치열한 싸움이 벌어졌지요. 급기야 왕궁이 불에 타는 상황에까지 이르렀습니다.

이렇게 해서 저의 계획은 실패로 돌아가고 말았어요. 게다가 저를 도운 사람들은 모두 죽임을 당해 저는 손발이 잘린 신세가 되었습니다. 저는 왕의 결재 권한까지 모두 이자겸에게 빼앗겼고, **일거수일투족** 감시를 받는 처지가 되고 말았어요. 더욱 강력한 권력을 갖게 된 이자겸과 척준경은 고려를 마음대로 주무르게 되었지요. 하지만 저는 아직 포기하지 않았어요. 조만간 반격을 시도할 것입니다.

일거수일투족
(一擧手一投足)

손 한 번 들고 발 한 번 옮긴다는 뜻으로, 크고 작은 동작 모두를 이르는 말

이자겸의 난으로 왕의 권위가 크게 떨어졌는데요. 앞으로 사건이 어떻게 전개될지 계속해서 전해 드리겠습니다. 이상으로 인물 초대석 시간을 마칩니다.

2 헤드라인 뉴스

인종, 이자겸을 향해 반격을 시작하다!

이자겸의 난은 거의 성공하는 듯 보였습니다. 그러나 이자겸의 편에 선 척준경이 돌연 마음을 바꾸어 버리는 바람에 인종은 다시 권력을 회복할 수 있게 되었는데요. 어찌된 상황인지 김역사 기자를 통해 자세히 알아보겠습니다.

김역사 기자

이자겸의 난이 일어난 후, 이자겸은 세상 두려울 것이 없었어요.

이자겸은 모든 일을 자신이 처리하며 왕처럼 행동했습니다. 하지만 인종은 포기하지 않고 왕권을 회복할 기회를 노렸어요. 인종은 고심 끝에 계책을 내놓았는데, 그것은 바로 이자겸과 척준경을 이간질시키기로 한 것이에요. 척준경을 자기편으로 끌어들여 이자겸을 제거한다면 왕권이 회복될 수 있을 것이라 판단했던 거지요. 그래서 인종은 척준경에게 다음과 같은 내용의 편지를 썼어요.

'이 모든 일이 나의 잘못이오. 이제부터 반성하며 모든 것을 새롭게 할 것이니, 그대는 나를 도와주시오.'

아시다시피 척준경은 윤관과 함께 여진을 물리친 장군으로 원래 고려에 대한 충성심이 강했어요. 편지를 읽은 후 척준경은 왕이 자신을 진심으로 알아준다는 생각에 마음이 움직이기 시작했어요.

때마침 이자겸의 노비와 척준경의 노비 사이에 벌어진 싸움으로 척준경은 이자겸에게 단단히 마음이 상해 있던 참이었죠. 이자겸은 척준경을 달래기 위해 화해를 청했으나, 소용없는 일이었어요. 인종은 이때다 싶어 척준경에게 품질 좋은 말을 선물로 보냈어요. 그리고 '충성을 다하려면 이자겸을 제거해야 한다.'는 말도 전했어요. 그럼에도 척준경은 쉽사리 마음을 돌리지 못했지요.

그러한 가운데 이자겸은 끝도 없는 욕심을 채우기 위해 **'십팔자위왕설'**을 퍼뜨렸어요. 이것으로도 모자라 독이 든 떡을 왕에게 올렸지요. 하지만 독이 들어 있다는 사실을 알게 된 왕비가 인종에게 떡을 먹지 말라고 해 계획은 물거품으로 돌아갔어요. 왕비는 이자겸의 딸이었지만, 인종의 부인이기도 하니까요. 또 이자겸은 왕비에게 독약을 보내 인종에게 먹이라고 했는데 왕비는 일부러 넘어져 독약을 엎질러 버렸답니다.

이렇듯 이자겸이 갖은 방법으로 왕을 죽이려고 하자, 결국 척준경의 마음이 돌아섰어요. 드디어 척준경은 인종의 편에 서기로 결심했어요.

"내 부하들, 그리고 노비들은 모두 나를 따르라!"

척준경은 먼저 궁궐로 달려가 인종을 안전한 곳으로 피신시켰지요.

"이자겸과 그의 가족들을 잡아 가두어라. 그리고 이자겸 수하에 있는 자들의 목숨을 거두어라!"

인종의 반격은 성공했어요. 이자겸은 부인, 아들들과 함께 유배되었고, 딸들은 왕비 자리에서 모두 쫓겨났어요. 한때 이자겸의 동지이자 사돈이었던 척준경은 왕을 도운 공로로 잠깐 동안 권세를 누렸지만 인종은 그 또한 언제 반란을 일으킬지 모른다고 생각해 귀양 보내 버렸답니다.

십팔자위왕설

'십팔자(十八子)가 왕이 된다'는 말로, 십팔자를 합치면 李자가 만들어져 곧 이씨가 왕이 된다는 의미예요. 이때 이씨가 바로 이자겸이라는 이야기입니다.

자기 배만 불리는 고려의 귀족들

김역사 기자

고려는 초기에 '전시과'라는 제도를 만들었어요. 전시과는 관리들에게 '토지에 대한 세금을 거둘 수 있는 권리'를 인정해 주는 제도예요. 관직이 높으면 높을수록 전시과는 더 많이 받을 수 있었답니다. 전시는 '전지'와 '시지'를 뜻하는 말로, '전'은 田(밭 전)이고 '시'는 柴(땔나무 시)예요. 다시 말해, 전지는 세금을 거둘 수 있는 농경지이고 시지는 땔감을 얻을 수 있는 들판을 말해요. 고려의 관리들은 전시과를 통해 의식주를 해결할 수 있었답니다. 그런데 시간이 지나면서 점점 전시과의 폐단이 드러나고 있는데요. 현장의 목소리를 직접 들어보겠습니다.

고귀족

저도 귀족이지만 양심적으로 이건 좀 너무한다 싶어요. 전시과 제도는 벼슬을 그만두거나 죽으면 토지를 나라에 다시 돌려주어야 하는 게 원칙이거든요. 하지만 일부 욕심이 많은 관리는 벼슬을 그만 둔 후에도 반납하지 않고 자식에게 물려주기도 했답니다. 특히 왕실의 외척 가문이 그러했는데, 이자겸이 대표적이지요. 그는 얼마나 욕심이 많았는지 수확량의 절반 이상을 세금으로 바치길 요구하기도 했답니다. 처음 그 이야기를 들었을 때는 같은 귀족으로서 좀 눈살이 찌푸려지기는 합디다. 그런데 점점 이자겸을 따라 하는 귀족들이 늘어났어요. 부끄럽지만 저도 그중 하나였습니다.

이자겸 | 문벌 귀족의 반란

이관리

저도 처음에는 전시과 제도의 원칙을 충실히 지켰어요. 그런데 고려 중기부터는 전시과에 대한 원칙을 지키면 오히려 바보 취급을 받았다니까요. 그래서 저도 전시과 제도를 조금 남용해봤죠. 그런데 도가 지나쳤는지 백성들은 굶주림을 면할 수 없었고, 결국 도적질을 하거나 땅과 집을 버리고 도망가는 지경까지 갔지요. 아, 정말……. 내가 그들을 다시 잡아들이느라 얼마나 고생했는지 말도 못합니다.

최군인

뭐? 전시과 제도요? 쳇. 말도 마슈. 정말 마른하늘에 날벼락이었소. 전시과 제도 때문에 우리 군인들이 군역의 대가로 받아야 할 토지까지 받지 못했소. 이게 말이 됩니까? 우리 무신들은 절대 가만히 있지 않겠소이다!

장백성

할 말이 너무 많지만 말할 힘조차 없소이다. 밥을 못 먹은 지 너무 오래돼서……. 누가 권력을 잡든 간에 하루 세 끼 아니 두 끼라도 먹게 해주면 소원이 없을 것 같아요. 계속 이렇게 살다가는 모두 망할 겁니다. 우리 동네도 벌써 빈집들이 많이 생겼어요. 관리들의 수탈이 없는 곳에서 꼭꼭 숨어 살겠다는 거죠. 사실 저는 이 나라 자체를 떠나고 싶은 심정입니다. 말할 힘이 없어서 인터뷰는 여기까지 하겠습니다.

> 지금의 수령은 백성의 재물을 빼앗아 이익으로 삼는 자가 많아 창고가 비고 백성들이 어렵다. 여기에 노동력까지 더해지니 백성들이 손발을 둘 곳이 없게 되어 도둑이 되었다.
>
> -『고려사』-

위에 보여드린 『고려사』는 이처럼 날로 어려워지는 백성들의 생활을 본체만체하며 계속 자기 배만 불리는 문벌 귀족의 이야기지요. 백성들의 삶이 조금이라도 나아지길 기대하며 이상 현장 브리핑을 마치겠습니다.

스페셜뉴스 그때 그 물건

고려 귀족들의 생활 도구

그들이 소유한 물건들을 전격 소개합니다.

안녕하세요. 이번 시간에 소개할 상품은 고려 귀족들의 생활 도구입니다. 고려 귀족들의 생활상을 엿볼 수 있는 물건들이죠.

고려의 문벌 귀족들은 높은 벼슬과 넓은 땅을 소유했어요. 이들은 대대로 물려받은 재산을 바탕으로 방이 몇 백 칸이나 되는 집을 짓고, 진귀한 음식을 먹고, 비단옷을 즐겨 입었지요.

화려한 생활을 즐겼던 고려 귀족들은 청자를 즐겨 사용했어요. 음식을 담는 그릇은 물론이고 향로, 연적, 의자도 청자로 만들었고 심지어 요강과 베개까지 만들었어요. 청자는 중국 송의 영향을 받아 만들기 시작했지만 귀족 문화가 발달한 고려에서는 송보다 훨씬 더 우아하고 아름다운 비취색을 띤 청자를 개발할 수 있었어요.

청자 모란 넝쿨무늬 표주박모양 주전자 ▶

▲ 청자 베개

▲ 청자 투각 칠보무늬 향로   ▲ 청자 투각 용머리 장식 붓꽂이

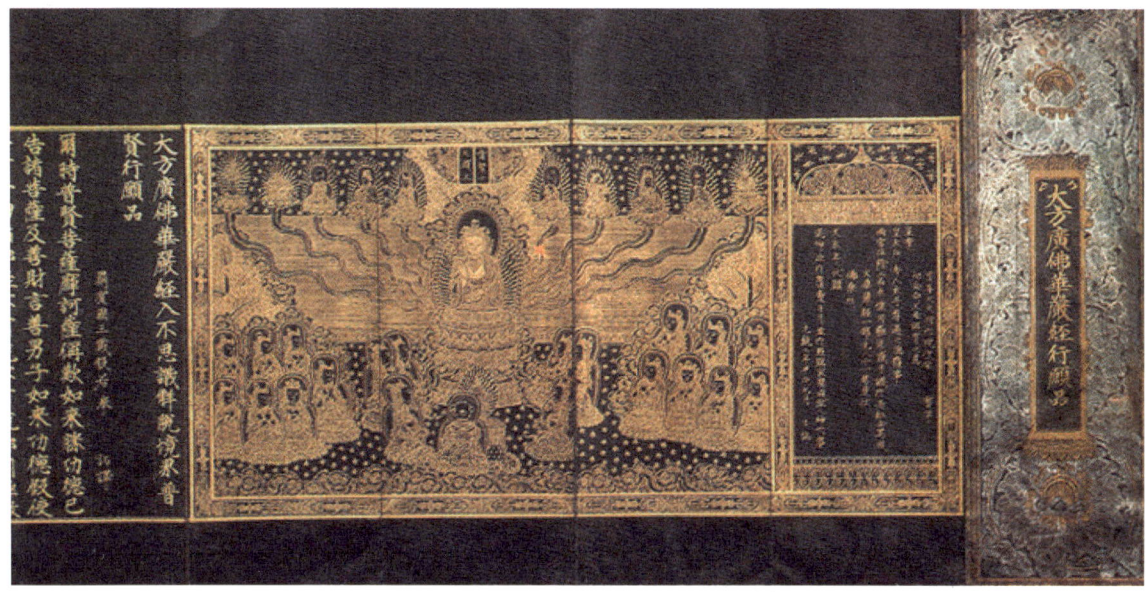

▲ 금으로 된 불경 | 고려는 불교문화가 발달했는데, 사치를 즐겼던 귀족들은 금으로 된 불경을 사들이기도 했습니다.

▶ 금으로 된 머리꾸미개 | 귀족들은 장신구까지 금으로 만들었어요. 금 외에도 비취, 산호, 호박 같은 보석을 재료로 쓰기도 했습니다.

▲ 나전 칠기 | 나전 칠기는 고려의 세련된 귀족 문화와 함께 발전했어요. 나전 칠기는 옻칠한 바탕에 얇게 간 조개껍데기를 오려 붙여 무늬를 장식하는 것으로, 빛을 받으면 아름답게 반짝여 귀족들의 사랑을 받았습니다.

자, 어떠셨나요? 여러분이 보신 바와 같이 고려의 귀족들은 정말 화려하고 사치스러운 생활을 즐겼어요. 하지만 그 덕분에 고려는 세련되고 아름다운 문화를 꽃 피울 수 있었답니다.

 고종훈의 한국사 브리핑

인물 핵심 분석 ▶ 이자겸

QR 코드를 찍으면 고종훈 선생님의 강의를 볼 수 있어요.

문벌 귀족인 이자겸이 벌인 난

시대 ▶ ?~1126년
나의 보물 1호는? ▶ 우리집 의천궁
지금 드는 생각 ▶ 내가 왕이 되지 못할 것은 무엇인가?
내가 가장 잘한 일 ▶ 딸들을 왕실과 혼인 시킨 것
지금 생각나는 사람 ▶ 척준경
연관 검색어 ▶ 이자겸의 난, 인종, 척준경
역사적 중요도 ▶ ★★★☆☆
시험 출제 빈도 ▶ 보통

문벌 귀족의 권세가 등등했어요.

문벌 귀족은 고려 초기에 과거를 통해 중앙 정치계에 진출한 관료 집단을 말합니다. **그들은 자손 대대로 막강한 권력을 유지하며 고려의 지배 계층을 이루었어요.**

이자겸이 난을 일으켰어요.

이자겸의 둘째 딸은 예종과 결혼하여 인종의 어머니가 되었고, 셋째 딸과 넷째 딸은 인종의 왕비가 되었어요. 이자겸의 권세는 더욱 세어졌지요. **인종은 이자겸에게 위협을 느껴 그를 제거하려 하였고 이자겸은 이에 대응해 반란을 일으켰습니다.**

고려 귀족들은 호화로운 삶을 누렸어요.

고려 시대에는 귀족들의 취향에 맞는 다양한 문화가 크게 발전하였어요. 그중에서도 **고려의 자기 기술은 몹시 뛰어나 청자를 만들었으며 귀족들 사이에서도 청자가 유행하였습니다.** 그리고 청동이나 금·은으로 만든 금속 공예 기술, 나전 칠기 등의 공예 기술도 발달했어요.

인물 관계 분석

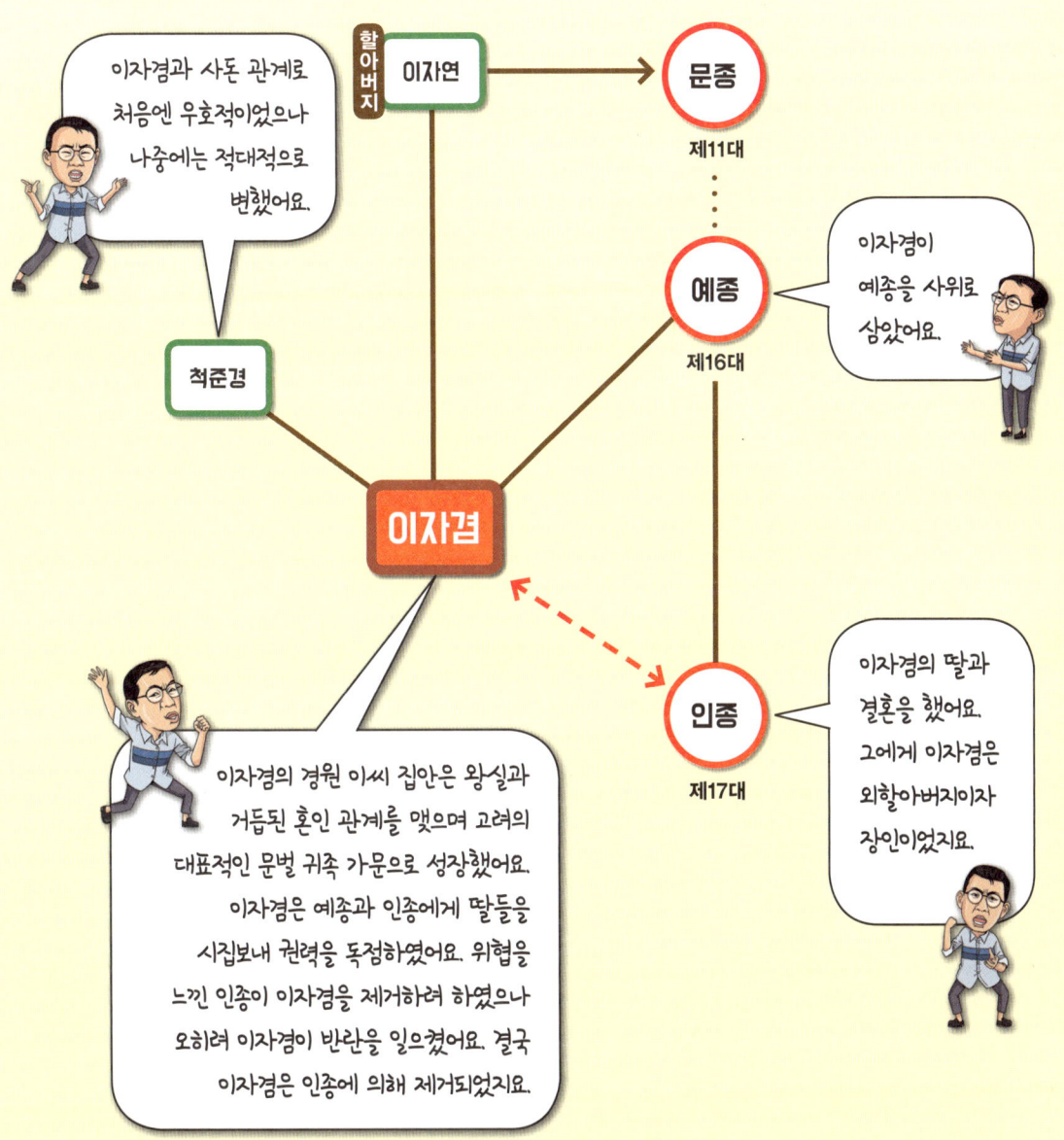

1 인물 초대석

생방송 한국사

개경이냐, 서경이냐? 그것이 문제로다

이자겸의 난이 겨우 마무리되는가 싶더니, 이번에는 승려 묘청이 도읍을 서경으로 옮겨야 한다는 주장을 하고 있습니다. 묘청은 이자겸을 제거하는 데 큰 공을 세운 인물이라고 하는데요. 이 사건의 전말을 정부 관계자 '나대신' 관리를 모시고 자세히 알아보겠습니다.

나대신

요즘 고려는 도읍을 옮기느냐 마느냐의 갈림길에 서 있는 상황인데요. 왜 이런 문제가 나타나게 되었는지부터 설명 드리겠습니다.

다행히 이자겸의 난은 진압되었지만 이 사건을 계기로 왕권은 바닥에 떨어졌고, 귀족들은 여전히 자기 배를 불리기에만 바빠 나라는 계속 혼란스러웠어요. 밖으로는 금이 눈을 부릅뜨고 고려를 차지할 기회만 노리고 있었지요. 인종은 이처럼 어려운 상황을 해결하기 위해 도읍을 옮겨야 한다고 생각했어요. '개경은 귀족들이 판치는 곳이니, 도읍을 옮겨 자기를 도와 줄 세력을 만들어야 한다.'는 판단이었던 거죠.

이 무렵 서경 출신의 승려 묘청이 '개경의 운이 다하였으니 도읍을 옮기지 않으면 나라는 곧 망할 것이다.'라는 말을 퍼뜨리고 다녔어요.

풍수지리설
산이나 땅, 하천의 모양에 따라 좋은 일과 나쁜 일이 생길 수 있다는 주장이에요.

서경
고구려의 옛 수도로, 오늘날의 평양에 해당합니다.

인종에게는 반가운 소식이었을 것 같습니다.

인종은 즉시 묘청을 궁궐로 불러들였어요. 묘청은 인종에게 **풍수지리설**을 내세우며 **서경**으로 도읍을 옮기면 모든 일이 술술 잘 풀릴 것이며 금도 고려를 깍듯이 섬길 것이라고 했습니다. 도읍을 옮기기만 하면 새 나라로 거듭나는 것은 시간문제라는 식이었죠. 이게 바로 묘청의 서경 천도론입니다. 더불어 왕의 권위를 되살리기 위해 황제로 높여 부르고 금을 정벌할 것을 주장했어요.

새로운 인재들과 새로운 정치를 펼치고 싶었던 인종에게 묘청의 서경 천도론은 정말 한 줄기 빛과 같았겠군요.

그렇습니다. 서경 천도론에 귀가 솔깃해진 인종은 1128년 11월, 서경에 궁궐을 지을 것을 명령했습니다. 궁궐을 짓는 데 동원된 백성들은 매서운 추위와 엄청난 노동 시간 때문에 불만이 가득했어요. 하지만 인종은 백성의 마음을 헤아리지 않았어요. 오히려 궁궐을 더 빨리 지을 것을 지시해 3개월 만에 궁궐이 완성되었죠.

궁궐이 세워진 후, 서경에는 때 아닌 폭풍우와 서리가 번갈아 내리고 번개가 치는 등 섬뜩하고 희한한 일이 잇따라 일어났어요. 사실 이 일은 우연히 맞아떨어진 이상기후일 뿐이잖아요? 그런데 이 때문에 인종을 태우고 가던 말이 깜짝 놀라 날뛰다 왕이 길을 잃은 사건이 발생했어요. 그러자 묘청에게 불만을 품고 있던 김부식 등 개경 귀족들은 이때가 기회다 싶어 '서경 천도론은 모두 거짓'이라며 인종에게 묘청을 멀리할 것을 주장했습니다.

김부식 등의 개경 귀족은 왜 묘청의 서경 천도론에 불만을 품었나요?

인종은 서경으로 도읍을 옮겨 하루라도 빨리 나라의 분위기를 새롭게 하려고 했어요. 하지만 김부식 등 당시 고려에 어마어마한 힘을 행사하던 귀족들은 개경에 세력 기반을 두고 있었어요. 그들은 만약 서경으로 도읍을 옮긴다면 지금과 같은 권력을 휘두르기 어려워질 것이라고 생각했지요. 아니나 다를까 묘청은 풍수지리설을 내세워 서경 세력을 모으고 있었거든요.

또 김부식은 묘청의 '금 정벌론'에 대해서도 콧방귀를 뀌었습니다. 금은 천하를 호령하던 요를 무너뜨린 나라인데, 아무런 준비 없이 금을 공격했다가는 오히려 고려가 순식간에 무너지고 말 것이라고 했어요. 고려가 힘을 키울 때까지는 금을 주인으로 모셔야 한다는 의견이었죠.

묘청과 김부식이 정말 팽팽히 맞섰군요. 그럼 묘청과 뜻을 같이 하는 사람들을 서경파, 김부식을 중심으로 모인 사람들을 개경파라고 보아도 될까요?

 그렇습니다. 이때부터 서경파와 개경파는 본격적으로 다투게 되었습니다. 개경파는 묘청을 거짓말만 하는 요상한 승려라며 서경파를 쫓아낼 것을 거듭 주장했고, 서경파는 나라와 백성을 위해서 하루 빨리 서경으로 도읍을 옮겨야 한다고 주장했어요.

사실 묘청의 서경 천도론은 고려의 건국 정신과도 어느 정도 통하는 부분이 있었는데요, 서경으로 도읍을 옮기면 아무래도 고구려의 옛 땅인 **요동** 땅을 찾는 데 유리할 것이기 때문이에요. 하지만 이상한 자연현상이 계속되는데다, 묘청의 태도도 어쩐지 수상쩍다는 생각을 하게 된 인종은 마음을 바꾸었어요.

요동
중국의 만주 지역

그럼 묘청의 서경 천도론은 이대로 묻히게 되는 것입니까?

 아닙니다. 묘청은 절대 포기하지 않을 기세예요. '도읍을 옮기는 일은 정말 옳은 일이며 고려의 후손으로 반드시 이뤄내야 할 중요한 숙제'라며 의견을 굽히지 않고 있지요.

묘청의 서경 천도론으로 고려 사회는 더욱 뒤숭숭해졌는데요. 뜻을 굽히지 않은 묘청이 앞으로 무슨 일을 벌일지 주목되는군요. 이상 인물 초대석을 마칩니다.

묘청 | 도읍을 서경으로 옮기자

2 심층 취재

생방송 한국사

묘청의 난이 일어나다!

서경으로 도읍을 옮길 것으로 기대하고 있던 서경파는 인종이 서경 천도 계획을 포기했다는 소식을 듣고 크게 실망했습니다. 그러자 묘청은 극단의 방법을 사용했는데요. 바로 서경에서 반란을 일으킨 것입니다. 더 자세한 소식은 심층 취재를 통해 알아보겠습니다.

1135년, 묘청은 서경의 관리들과 힘을 합쳐 반란을 일으켰어요.

"서경 천도를 이렇게 허무하게 끝낼 수 없다. 지금 개경의 귀족들과 신하들이 왕을 협박해 서경 천도를 막고 있다. 그러니 서경파가 개경파를 물리쳐서 인종을 서경으로 모실 것이다!"

이 당시 묘청은 사병까지 꾸릴 정도로 막강한 세력을 형성하고 있었어요. 그리하여 자신의 군대는 물론이고, 개경에서 가까운 각 성의 군대를 강제로 끌어들였으며, 가까운 지역에 사는 백성들까지 자기편에 서게 했지요. 그러고는 군사를 나눠 개경을 공격하기로 했어요.

묘청이 반란을 일으켰다는 소식은 곧 개경에 날아들었어요. 인종은 신하들을 모아 놓고 회의를 했어요. 회의 끝에 인종은 서경의 반란군을 혼내 주기로 하고, 김부식에게 그 임무를 맡겼지요. 이 소식을 들은 서경의

묘청은 어떤 일이 있더라도 서경 천도를 꼭 해내고 말겠다는 입장입니다.

김역사 기자

반란군은 다음과 같은 글을 왕에게 올렸어요.

> 저희는 나라를 바로 세우려는 충성스런 마음으로 서경에 궁궐을 지어 도읍을 옮길 날만 기다렸습니다. 하지만 이를 반대하는 개경의 신하들이 왕의 마음을 잘 살피지 못하고 있습니다. 이에 백성들의 분노가 날로 커져 하늘에 닿을 기세입니다. 만약 지금이라도 서경에 오신다면 묘청의 반란은 수습될 것입니다.

서경으로 천도하지 않으면 큰 일이 있을 거라는 협박성 편지였던 거지요. 자극을 받은 개경의 귀족과 신하들은 당장 서경으로 군사를 출동시킬 것을 주장했어요. 그러자 인종은 "서경의 무리를 억누르되, 반란을 주도한 우두머리들만 죽이고, 분위기에 휩쓸려 묘청의 편에 선 서경 백성들은 죽이지 말라."고 명령했지요.

김부식은 서둘러 출동 준비를 하였고, 서경으로 가기 전에 개경에 머물던 서경파 인물인 정지상, 백수한 등을 우선 처치했어요. 개경에서 반란군을 진압할 거라는 소식이 서경파에게 전해질까 걱정한 것이기도 했고, 서경파와 관련된 인물은 모조리 없애 버려야 **후환**을 없앨 수 있다고 판단했기 때문이었어요. 이렇게 개경에서의 모든 준비를 마친 김부식은 군사를 이끌고 서경으로 가게 되었는데, 처음에는 서경의 백성들이 이들의 움직임을 미리 파악해 정보를 넘겨주는 바람에 번번이 지고 말았어요.

하지만 김부식은 포기하지 않고 성을 모조리 둘러싸며 위협했어요.

후환
어떤 일로 말미암아 뒷날 생기는 걱정과 근심

그러자 반란군 지역에 있던 성들이 김부식에 호응하기 시작했지요. 점차 승리의 기운은 김부식에 기울였지요. 김부식의 군대도 덩달아 기세가 올랐죠.

그러한 가운데 서경파에서도 상황이 결코 유리하지 않음을 깨닫고 항복하자는 의견이 슬슬 돌기 시작했어요. 결국 묘청은 부하에게 배반을 당했지요. 서경파의 조광이라는 자가 항복의 표시로 묘청의 목을 베어, 부하를 시켜 개경으로 보내 버린 것이었어요.

그런데 김부식은 오히려 묘청의 목을 바친 부하를 옥에 가두었어요. 심지어 왕의 명령을 무시하고 서경의 백성들을 죽이기까지 했답니다. 서경과 관련이 있는 사람은 뿌리째 뽑아야 한다는 거예요. 이 소식을 들은 조광은 항복을 해 봐야 죽음을 피하기 어렵다는 것을 깨닫고 다시 마음을 바꿔 죽기를 각오하고 맞서 싸우기로 했어요.

이렇게 해서 개경군과 반란군 사이의 전쟁은 계속되었어요. 하지만 개경군이 성을 완전히 포위하자, 성 밖을 나가지 못해 식량이 떨어져 굶어 죽는 사람이 계속해서 생겨났어요. 마침내 반란군은 패배를 인정하였고, 더 이상 물러날 곳이 없음을 깨달은 서경의 지휘관들은 스스로 목숨을 끊어 버렸어요. 묘청의 난이 시작된 지 1년여 만이었지요.

그 후 서경 천도론은 수그러들었고, 조정은 다시 김부식과 개경파의 손아귀 속으로 들어갔어요. 서경 세력도 급속도로 약해졌지요. 이로 인해 고려에서는 김부식을 비롯한 문벌 귀족의 힘이 더 강화되었고, 고려의 자주성을 찾고자 했던 서경 천도 세력은 완전히 힘을 잃고 말았답니다. 이상 뉴스를 마치겠습니다.

신채호에게 묘청의 난이란?

일제 강점기 역사학자인 신채호 선생님은 묘청의 난을 두고 '조선 역사상 가장 주체적이고 자주적인 사건'이라는 말씀을 남기시며 묘청의 난을 긍정적으로 평가했습니다. 이는 당시 묘청의 난을 진압했던 김부식과 정반대의 의견이지요. 그럼 지금부터 신채호 선생님과 김부식 선생님을 모시고 자세한 말씀을 들어 보겠습니다. 먼저 신채호 선생님부터 말씀 부탁드립니다.

신채호: 묘청은 고구려의 뿌리를 지키고자 한 인물이며, 김부식은 주체성 없이 힘이 강한 나라면 무조건 섬기고 보는 인물이오. 그러니까 내 말인 즉슨, 묘청이 더 자주적이고 주체적인 인물이었다고 평가하고 싶다는 거요. 우리 것보다 중국의 것을 떠받드는 무리에 당당히 맞섰으니 말이지요!

김부식: 그 말을 굳이 틀리다고 하지는 않겠소. 하지만 무엇이 진정으로 고려를 위하는 것인지 따져 봐야 하지 않겠소? 선생도 아시다시피 당시 고려의 힘은 많이 약해진 상태였소. 앞뒤 생각하지 않고 무턱대고 금을 치는 것은 호랑이 굴에 제 발로 들어가는 격일 수도 있다는 생각은 안 해 보셨소? 당시 고려는 겨우 이자겸의 난을 수습한 후였고, 왕실은 고려를 다시 일으켜 세우는 데 온힘을 쏟아야 할 때였다오. 내 코가 석자인데, 어찌 다른 나라와 전쟁을 벌이겠소? 묘청의 서경 천도론은 정말 말도 안 되는 주장이었소!

시청자 의견 ▶ [@부식 짱!] 김부식은 지극히 현실론자였다고. 우길 걸 우기셔야지~ ▶ [@역사쌤] 비굴하게 사는 거

묘청 | 도읍을 서경으로 옮기자

신채호: 묘청의 난이 실패로 돌아간 후부터 우리나라는 주체 의식을 가지지 못하고, 중국을 큰 나라로 섬겨 중국에 관한 것이라면 무조건 떠받들고 보는 잘못된 역사 인식이 시작되었소. 하, 정말 안타까운 일이 아닐 수 없소이다.

김부식: 무조건 자주성만 주장하는 것은 관리로서 올바른 태도는 아니라고 생각하오. 우리야 멋있게 말로만 자주성을 주장하면 되지만 그로 인해 전쟁이 벌어지면 목숨을 내놓고 전쟁터에서 싸워야 하는 사람은 백성들 아니겠소! 백성들이 평화롭고 안전하게 생활할 수 있도록 보살피는 것이 관리로서의 책무라고 생각하오!

신채호: 이미 고려에서는 강감찬 장군이 거란의 군사를 무찌른 일도 있었지 않소? 전쟁에서 이기고 지는 것은 군사의 수로 결정되는 것은 아니오. 선생도 수차례 전쟁을 통해서 느끼지 않았소? 하지만 그 겁쟁이 같은 태도 때문에 묘청의 난 이후, 중국의 것만 우러르고 따르는 사대주의가 퍼지게 되었다는 것은 그 누구도 부정하지 못할 것이오. 따지고 보면 묘청은 반역자가 아니라 우리 것을 지키려는 자였소. 그렇지 않소? 게다가 고려의 건국 정신으로 볼 때 서경 천도는 반드시 이뤄내야 할 일이었고 후세들에게 물려줄 가치가 있는 정신이라고 생각하오.

김부식: 어느 정도 일리가 있는 말이오. 하지만 서경으로 도읍을 옮기고 금을 공격한다고 해서 모든 일이 저절로 해결되지는 않소이다. 더 근본적인 관점으로 문제점을 바라보는 것이 현명하지 않겠소? 이를테면 제도나 법을 바꾸는 것이 더 올바른 해결책이라고 봅니다만…….

두 분 의견 잘 들었습니다. 시청자 여러분은 김부식 선생님과 신채호 선생님의 의견 중 어느 것이 올바르다고 보시나요?

사는 거냐? 누가 뭐래도 당당하게! ▶ [@신채호 만세] 한번 굽히기 시작하면 다른 나라들이 우습게 본다고!

고종훈의 한국사 브리핑

인물 핵심 분석 ▶ 묘청

QR 코드를 찍으면 고종훈 선생님의 강의를 볼 수 있어요.

도읍을 서경으로 옮기려 했던 승려 묘청

- 시대 ▶ ?~1135년
- 내가 제일 좋아하는 장소 ▶ 서경
- 내가 제일 미워하는 사람 ▶ 김부식
- 갑자기 생각나는 단어는? ▶ 풍수지리설
- 나의 바람 ▶ 고구려의 옛 권세를 회복하는 것
- 연관 검색어 ▶ 서경천도론, 김부식, 개경파, 서경파
- 역사적 중요도 ▶ ★★★★☆
- 시험 출제 빈도 ▶ 높음

묘청은 1135년 서경을 근거로 반란을 일으킴

묘청이 서경 천도를 주장하며 난을 일으켰어요.

승려 묘청은 풍수지리설을 내세워 서경으로 도읍을 옮겨야 한다고 주장했어요. 인종은 묘청의 주장을 받아들이려 했지만 **김부식을 비롯한 개경 세력이 묘청의 주장에 반대하여 개경파와 서경파가 대립하였습니다.** 이에 묘청 등 서경 세력은 반란을 일으켰으나 약 1년 만에 김부식이 이끄는 관군에게 진압되었어요.

인물 관계 분석

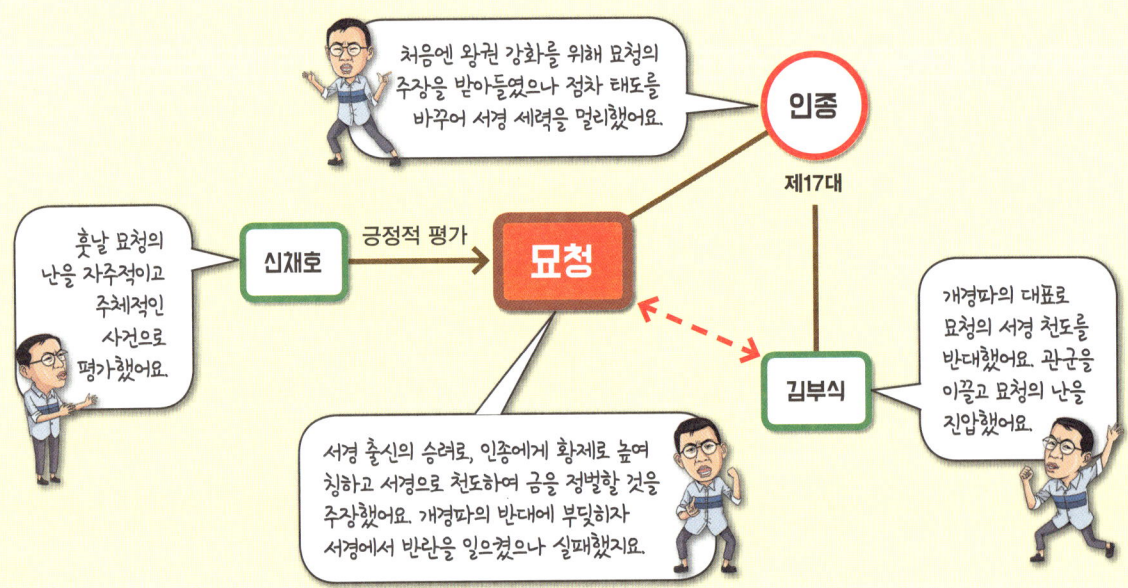

- **인종 (제17대)**: 처음엔 왕권 강화를 위해 묘청의 주장을 받아들였으나 점차 태도를 바꾸어 서경 세력을 멀리했어요.
- **신채호** → 긍정적 평가 → **묘청**: 훗날 묘청의 난을 자주적이고 주체적인 사건으로 평가했어요.
- **묘청**: 서경 출신의 승려로, 인종에게 황제로 높여 칭하고 서경으로 천도하여 금을 정벌할 것을 주장했어요. 개경파의 반대에 부딪히자 서경에서 반란을 일으켰으나 실패했지요.
- **김부식**: 개경파의 대표로 묘청의 서경 천도를 반대했어요. 관군을 이끌고 묘청의 난을 진압했어요.

12 김부식 — 삼국사기를 편찬하다

시대 1075년~1151년

타임라인 뉴스

- **1075** 김근의 아들로 태어나다
- **1121** 임금에게 강의를 하는 임무를 맡다
- **1136** 묘청의 난을 진압하다
- **1145** 『삼국사기』를 완성하다
- **1151** 사망하다

1 헤드라인 뉴스

생방송 한국사

고려 최고의 문장가 김부식, 『삼국사기』 펴 내

묘청의 난을 진압한 김부식이 이번에는 또 다른 이슈로 주목받고 있습니다. 그는 벼슬에서 물러난 후, 『삼국사기』를 편찬했다고 하는데요, 이것은 역사에 길이 남을 만한 중대한 업적입니다. 오늘 이 시간에는 『삼국사기』의 편찬 배경과 그 내용에 대해 알아보겠습니다.

김부식은 묘청의 난을 진압하고 높은 벼슬자리까지 올랐지만 뜻밖에도 은퇴를 결심했습니다.

김역사 기자

김부식이 벼슬에서 물러난 이유는 윤관의 아들 윤언이 때문이었습니다. 윤언이는 김부식과 함께 묘청의 난을 마무리한 인물인데, 묘청의 난 이후 김부식은 윤언이와 정치적으로 대립하게 되자 그를 관직에서 내쫓았어요. 몇 년 후, 자신이 쫓아낸 윤언이가 다시 관직에 돌아오게 되자 김부식은 복수를 당할까봐 정치에서 물러나기로 결심한 거랍니다. 일흔이 넘은 나이에 은퇴를 결심한 거죠. 이에 인종은 김부식의 은퇴를 위로하고자 그에게 『삼국사기』를 편찬하게 했어요.

"이자겸의 난으로 많은 역사 자료들이 불타 없어진 것을 안타깝게 생각하고 있소. 그대는 이 자료들을 다시 원래대로 되돌려 주시오. 부디 새롭게 완성된 『삼국사기』가 왕실의 권위를 높여 주길 바라오."

왕의 명령을 받은 김부식은 우수한 젊은 학자들과 5년간의 작업 끝에

『삼국사기』를 완성했습니다. 『삼국사기』의 특징은 다음과 같아요.

1. 총 50권으로 구성되었는데, 그 내용은 신라·고구려·백제 삼국의 정치, 경제, 전쟁, 외교, 인물 등에 관한 것이에요.
2. 김부식은 어릴 때부터 공자와 맹자를 공부하며 **유학**을 본보기로 삼았어요. 그로 인해 『삼국사기』를 편찬할 때 중국의 역사서를 주로 참고했고, 책의 차례를 정할 때에도 중국의 방식을 그대로 사용했어요.
3. '현실에 일어날 법한 일이 아니면 말하지 말라.'는 유교의 가르침에 따라 신화나 전설, 개인이 지은 이야기 등은 싣지 않았어요. 심지어 오늘날 우리나라 사람이라면 누구나 알고 있는 단군왕검 이야기도 빠져 있지요. 또, 백성들의 생활 모습을 엿볼 수 있는 내용도 찾아보기 힘들답니다.

유학
중국 공자에게서 시작된 가르침으로 '인'과 '예'를 강조하였어요.

그런데 『삼국사기』에서 한 가지 이상한 점이 발견되었어요. 삼국의 역사를 전하는 부분에서 '신라가 가장 먼저 세워졌고, 신라의 뒤를 이어 고려가 이어졌다.'고 기록된 것이지요. 여러분도 아시다시피 삼국 중 신라가 가장 나중에 세워졌잖아요? 이건 아마도 김부식이 경주에서 태어난 신라의 후손이다 보니 신라를 중심에 놓고 세상을 바라보려 했던 것 같아요.

이렇게 만들어진 『삼국사기』는 중국 중심으로 역사를 서술했다고 해서 손가락질을 받기도 했어요. 하지만 '나라의 안정을 위해 힘이 더 센 나라를 섬기는 태도를 갖는 것은 오히려 슬기로운 방법이다.'는 의견도 있지요. 이상 김부식의 『삼국사기』에 대해 말씀드렸습니다.

스페셜뉴스 - 문화재 소식

『삼국사기』와 『삼국유사』, 무엇이 비슷하고 무엇이 다를까?

김역사 기자

오늘은 고려 시대 문화계에 충격을 안겨 준 두 권의 책에 대해 알아보는 시간을 갖겠습니다. 바로 『삼국사기』와 『삼국유사』인데요. 『삼국사기』는 1145년 김부식에 의해 쓰인 것으로 현재 남아 있는 가장 오래된 역사책이며, 『삼국유사』는 몽골의 간섭을 받고 있던 때 일연 스님이 쓴 것으로 단군왕검 이야기를 비롯한 옛날이야기가 담겨져 있어요. 『삼국유사』는 『삼국사기』보다 150여 년 뒤에 나왔지요.

이 두 책은 역사를 바라보는 관점이 달라 늘 서로 비교되어 왔답니다. 그럼 구체적으로 어떤 점이 비슷하고 어떤 점이 다른지 일연 스님과 김부식 선생님의 말씀을 들어볼까요?

김부식

먼저 비슷한 점부터 알려드리다.

첫 번째, 『삼국사기』와 『삼국유사』는 둘 다 삼국 시대부터 왕건이 후삼국을 통일할 때까지의 역사를 다루고 있소. 덕분에 오늘날까지도 궁예와 견훤의 이야기가 전해 오고 있는 것이지요.

두 번째, 고구려·백제·신라 중에서 신라와 관련된 기록이 많다는 것이오. 게다가 신라 출신 인물을 더 화려하고 훌륭하게 꾸며 적었소. 일연과 나는 고려 사람이지만 사실 나는 신라의 후손이고, 일연도 옛 신라 지역에서 활동을 했소이다. 팔은 안으로 굽는다는 말이 있듯이 아무래도 신라를 중심으로 역사를 바라보게 된 것 같소.

138 김부식 | 삼국사기를 편찬하다

▲『삼국사기』　　▲『삼국유사』

일연

이번에는 제가 차이점을 말씀드리겠습니다.

첫 번째,『삼국사기』는 나라에서 만든 역사책이고,『삼국유사』는 개인이 지은 책이라는 점입니다. 그래서『삼국유사』는 글을 쓰는 방법이나 글감을 고르는 데 있어서 조금 더 자유로웠다고 할 수 있어요.

실제로『삼국유사』에는 옛날부터 사람들의 입에서 입으로 전해 내려오는 노래·전설 등이 실려 있습니다. 우리가 잘 아는 처용 설화, 연오랑과 세오녀 설화, 찬기파랑가 등이 모두『삼국유사』에 실려 있지요.

두 번째,『삼국사기』는 삼국의 처음부터 시작하는 반면,『삼국유사』는 단군 조선부터 시작한다는 것이에요. 이것은『삼국유사』가 몽골의 간섭을 받고 있던 때에 지어진 것과 관련이 있어요. 몽골의 영향으로 의기소침해진 민족에게 용기를 주는 일이 무엇보다 중요했거든요. 단군왕검은 예나 지금이나 우리 조상에 대해 자부심을 갖게 하는 데 탁월한 역할을 하지요.

세 번째, 역사를 바라보고 이해하는 입장의 차이입니다.『삼국사기』는 유교적 입장, 제가 쓴『삼국유사』는 불교적인 입장에서 쓰였어요. 옆에 계신 김부식 선생님은 유학자였고, 저는 승려였기 때문이지요.『삼국사기』에도 불교와 관련된 내용이 없지는 않지만,『삼국유사』만큼 많지는 않지요. 김부식 선생님, 그렇지 않습니까?

네, 두 분 말씀 잘 들었습니다.『삼국유사』나『삼국사기』를 통해 후대의 사람들이 삼국의 역사를 알 수 있게 되었습니다. 그러기에 두 책 모두 이루 다 말할 수 없을 만큼의 가치를 지닌다고 할 수 있겠지요.

스페셜뉴스 · 현장 브리핑

금속 활자는 어떻게 만들어졌을까?

김역사 기자

여기는 청주의 직지박물관입니다. 저는 우리나라의 금속 활자 기술을 알아보기 위해 이곳에 나와 있습니다. 그럼 박물관으로 들어가 더 자세히 알아볼까요?

서양에서는 구텐베르크가 서양 최초로 금속 활자를 발명했지만, 사실 구텐베르크의 활자는 고려의 금속 활자에 비하면 수십 년이나 늦게 발명된 것이었어요.

세계에서 가장 오래된 금속 활자 책은 『직지심체요절』입니다. 『직지심체요절』은 충청북도에 있는 흥덕사란 절에서 1377년에 찍어 낸 책으로 불교의 가르침을 담고 있어요. 2001년에 유네스코 세계 기록 유산으로 등재된 우리의 자랑스런 문화재이지만, 지금은 안타깝게도 프랑스 국립 도서관에 보관되어 있어요.

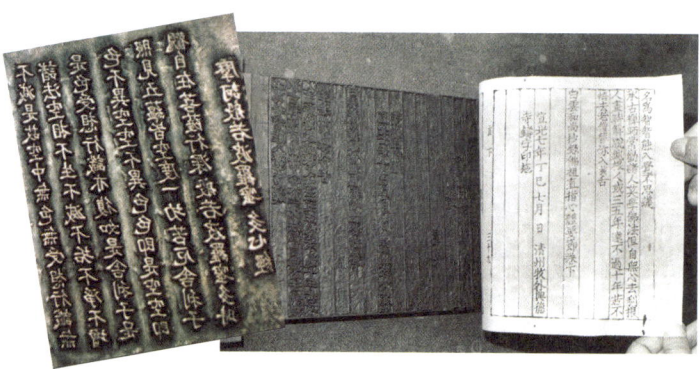

◀ 『직지심체요절』과 금속 활자로 인쇄하는 모습 재현

금속 활자가 발명될 당시, 고려에는 한자를 아는 이들이 적어 몇몇 귀족이나 학자들만이 책을 읽었어요. 다시 말해 많은 사람들이 책을 필요로 하지 않았기 때문에 '여러 종류의 책을 적게 찍어 내는 기술'이 필요했던 거지요.

금속 활자보다 먼저 사용된 목판 인쇄는 하나의 목판으로 한 가지 종류의 책만 찍어낼 수 있었습니다. 이에 비해 금속 활자는 글자를 한 자씩 만들어 놓고 필요할 때마다 이 글자들을 짜 맞추었기 때문에 언제든지 책을 인쇄할 수가 있었답니다.

이제 금속 활자 만드는 법을 알아보겠습니다!

1. 글자본 선정
원하는 글자체를 골라서 글자본을 만든다.

2. 글자본 붙이기
밀랍(벌집)을 녹여 판형 틀을 만들고 글자본을 뒤집어서 붙인다.

3. 어미자 만들기
조각칼을 이용해 글자를 볼록하게 새긴 후 한 글자씩 실톱으로 자르는데, 이렇게 만들어진 것을 어미자라고 한다.

4. 주형틀 완성하기
평평한 목판이나 철판 위에 거푸집을 장치한 후 밀랍으로 만든 어미자 가지를 넣고 흙을 채운 뒤 불에 굽는다. 그러면 밀랍이 녹아 없어진다.

5. 쇳물 붓기
밀랍이 녹은 거푸집에 금속을 녹인 쇳물을 붓는다.

6. 활자 떼어내기
쇳물이 식으면 거푸집을 분리시키고 가지쇠에 매달린 활자를 떼어낸다.

7. 조판(활자 배열)
동으로 만든 틀에 글자를 하나씩 찾아 올려 놓고, 활자 배열이 끝나면 글자 사이에 밀랍을 부어 굳혀 활자가 움직이지 않게 한다.

8. 인쇄
먹솔에 먹물을 묻혀 활자를 두드린 후 종이를 덮고 말총이나 털뭉치에 밀랍 또는 기름을 묻혀 골고루 문지른다.

 고종훈의 한국사 브리핑

인물 핵심 분석 ▶ 김부식

QR 코드를 찍으면 고종훈 선생님의 강의를 볼 수 있어요.

시대 ▶ 1075년~1151년
가장 두려운 사람 ▶ 윤언이
나의 자랑 ▶ 『삼국사기』를 지은 것
삼국 중 제일 좋아하는 나라는? ▶ 신라
그 이유는? ▶ 나는 경주 출신이니까!
연관 검색어 ▶ 『삼국사기』, 『삼국유사』, 묘청, 일연
역사적 중요도 ▶ ★★★★☆
시험 출제 빈도 ▶ 높음

김부식이 『삼국사기』를 편찬했어요.

인종 때 김부식이 『삼국사기』를 편찬했어요. 현재까지 남아 있는 가장 오래된 역사책이지요. 김부식은 신라를 위주로 고구려와 백제의 역사를 기록하였어요. 훗날 승려 일연이 지은 『삼국유사』와 『삼국사기』를 많이 비교합니다. 『삼국유사』는 불교 관련 이야기나 설화를 많이 싣고 있는 게 특징이에요.

인물 관계 분석

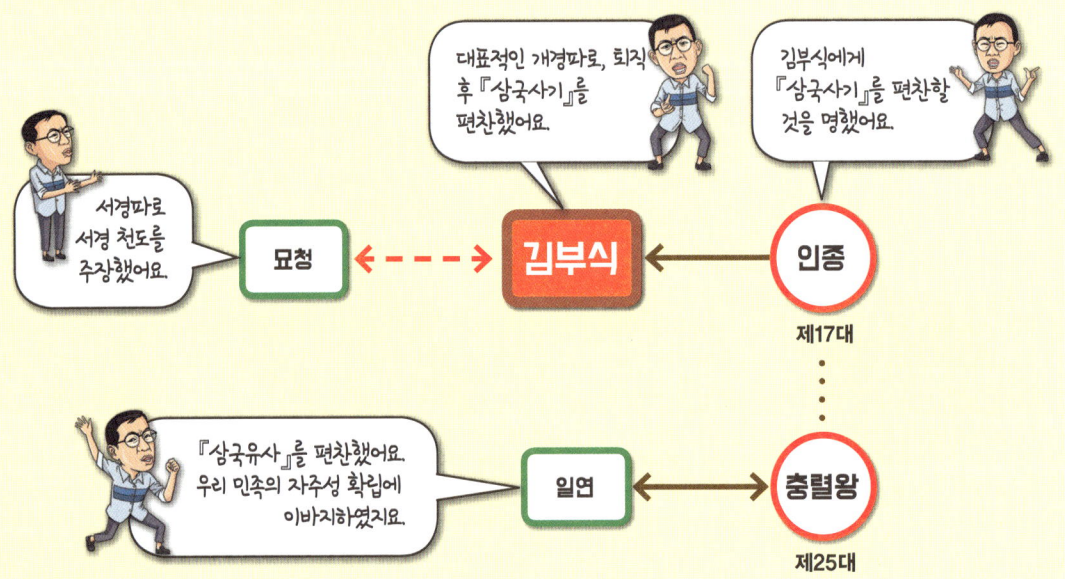

1 헤드라인 뉴스

생방송 한국사

참다못한 무신들, 난을 일으키다

여러분, 강감찬과 서희, 윤관이 과거를 통해 벼슬에 오른 문신 출신이라는 걸 알고 계십니까? 고려는 이와 같이 무신보다 문신을 우대하였는데요. 결국 참다못한 무신들이 반란을 도모하고 있다고 합니다. 자세한 내용은 김역사 기자를 통해 알아보겠습니다.

> 고려는 왕건이 나라를 세운 이후부터 약 250년 동안 문신들을 중심으로 정치를 해왔어요.

김역사 기자

가끔 무신의 자격으로 높은 관리가 된 사람도 있긴 했습니다. 하지만 대체로 무신은 문신에 비해 업신여김을 받았고, 높은 관리가 되거나 능력을 펼칠 수 있는 자리에 오르기 힘들었어요. 게다가 낮은 계급의 군인들은 월급도 제대로 받지 못한 채 나랏일에 동원되기 일쑤였지요. 무신들은 이러한 차별 대우를 견디다 못해 결국 난을 일으켰습니다.

반란을 지휘한 최고 지휘관은 정중부였어요. 사실 당시 정중부는 무신으로서 최고 관직에 올라 있었지만 그 또한 과거에 굴욕적인 사건을 숱하게 겪어 왔답니다.

무려 20여 년 전의 일이지요. 정중부는 왕을 보호하는 일을 하고 있었는데 그때 김부식의 젊은 아들 김돈중이 장난삼아 촛불로 정중부의 수염을 태운 거예요. 김돈중은 자신의 배경만 믿고 무신을 함부로 대했던 거지요. 정중부는 서럽고 화가 났지만 어쩔 수가 없었어요. 그때는 더 힘이 없었던 시절이었거든요.

한편, 당시 왕이었던 **의종**은 문신들과 함께 자주 잔치를 열었는데, 이때 왕을 지키는 군사들은 걸핏하면 끼니를 걸렀지요. 심지어 잔치가 밤새워 계속될 때에도 무신들은 한 끼도 먹지 못하고 문신들의 잔심부름까지 도맡아 했어요. 그러나 의종은 무신들을 신경도 쓰지 않고 거의 3일에 한 번씩 잔치를 열었어요.

의종의 잔치 횟수가 늘어날수록 잔치 비용을 대느라 나랏돈이 낭비되고, 이를 메꾸기 위해 백성들에게 세금을 과도하게 거두었어요. 이로 인해 백성의 삶은 점점 더 힘들어졌어요. 의종이 잔치를 열 때마다 경호를 해야 하는 무신들도 고생스럽기는 마찬가지였지요.

이러한 상황에서 무신 이의방과 이고가 정중부에게 '적당한 기회를 노려 난을 일으킬 것'을 제안했습니다. 난을 일으켜 그동안 쌓인 불만을 해결하자는 것이었지요. 이후 정중부를 비롯한 무신들은 난을 일으킬 때를 엿보았어요. 그러던 어느 날 드디어 일이 터졌어요.

1170년 8월, 이날도 의종은 문신들을 거느리고 **보현원**으로 놀이를 하러 갔어요. 행차를 하던 중 의종은 무신들에게 **오병수박희**를 시켰어요. 사실 의종은 무신들에게 수박희 시합을 시켜 우승자에게 상을 내려 무신들을 달래려던 거였어요.

그런데 뜻밖의 상황이 펼쳐졌어요. 시합에 참여한 대장군 이소응이 젊은 무신을 도저히 이기지 못하고 도중에 포기하고 진 거예요. 아무리 대장이라도 젊은이를 당해내기 힘들었던 거죠. 그때 문신 한뢰가 갑자

의종
고려의 18대 왕으로 인종의 맏아들이에요.

보현원
개경 근처에 있는 절이에요. 의종은 여기에 못을 만들어 놓고 놀이하는 곳으로 삼아 자주 행차했어요.

오병수박희
수박희는 주로 손을 써서 상대방을 공격하는 맨손 격투기로, 오병수박희는 다섯 명의 군사가 한 조가 되어 겨루는 것이에요.

기 앞으로 나가더니 대장군 이소응의 뺨을 후려쳤답니다. 대장군의 실력이 형편없다면서요. 그 바람에 이소응은 뜰 아래로 굴러 떨어졌어요. 그 자리에 있던 주변의 신하들과 문신들은 그 광경을 보고 손뼉을 치며 비웃었어요.

보다 못한 정중부가 앞으로 나서서 "대장군 이소응은 비록 무신이나, 너보다 벼슬이 높다. 그런데 어찌 이다지 심한 모욕을 주느냐! 괘씸하기 짝이 없다!"고 소리쳤어요. 그제야 의종은 정중부의 손을 잡으며 달랬어요. 이에 정중부는 한풀 수그러들었고, 사건은 일단락되는 듯했어요. 하지만 이 일을 지켜보던 무신들의 분노는 더욱 커졌지요.

결국 무신들은 문신들에게 본때를 보여주기로 결심했어요. 해가 뉘엿뉘엿 저물 무렵, 의종의 가마가 보현원에 이르렀어요. 왕이 가마에서 내려 문 안으로 들어가고 다른 신하들이 물러나려 할 즈음, 정중부 무리는 칼을 빼들어 평소 왕을 믿고 거만하게 굴었던 자들의 목을 모두 베어 버렸어요. 이때 한뢰도 목숨을 잃었지요. 그리고 이들은 곧바로 개경으로 돌아와서 의종 곁에서 권력을 휘두르던 문신들을 모조리 죽였어요. 이를 목격한 의종은 살해 행각을 당장 중지할 것을 명했으나, 정중부는 들은 체 만 체 할 뿐이었어요.

이 사건을 무신 정변이라고 해요. 이를 통해 정중부를 비롯한 무신들이 권력을 거머쥐게 되었어요. 정중부 등은 의종 또한 거제도로 귀양을 보냈다가 얼마 뒤 죽입니다.

죽은 의종 대신 명종이 왕위에 올랐지만 허수아비 왕에 불과했죠. 정치는 무신들의 손아귀에 들어갔고, 최고 권력자가 되기 위한 무신들의 뺏고 뺏기는 싸움이 계속되었어요.

먼저 **이의방**이 **이고**를 제거하고 권력을 잡았어요. 그런데 이의방이 무자비하게 권력을 휘두르자 정중부가 그를 제거했어요. 하지만 권력을 잡은 정중부 또한 백성의 생활은 돌보지 않고 자신의 이익만 챙겼어요. 결국 정중부도 **경대승**에게 목숨을 잃고 말았어요. 반란은 여기서 끝이 아니었어요. 경대승이 갑작스럽게 죽게 되자, 노비 출신인 **이의민**이 권력을 잡았지요. 고려는 그야말로 힘이 지배하는 세상이 되었어요.

이의방
고려의 무신으로, 정중부와 함께 무신 정변을 일으켰어요.

이고
고려의 무신으로 무신 정변을 주도했으나 정권을 독차지하려다 이의방에게 죽임을 당했어요.

경대승
고려의 무신으로 정중부를 제거하고 권력을 장악하였으나 30살의 나이에 병이 들어 죽었습니다.

이의민
노비 출신의 무신으로, 키가 크고 힘이 세었습니다.

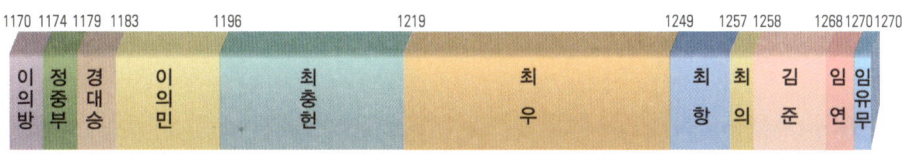

▲ 무신 집권자의 변화

2 심층 취재

4대에 걸쳐 고려를 장악한 최씨 정권

무신들의 권력 다툼으로 고려 사회는 단 하루도 편할 날이 없었습니다. 그런데 바로 이때 이런 혼란을 수습할 사람이 나타났으니 최충헌입니다. 이때부터 4대에 걸쳐 권력을 장악한 최씨 정권의 역사가 시작되었는데요, 오늘 이 시간에는 최씨 정권에 대해 알아보겠습니다.

이의민을 제거하고 권력을 차지한 자는 최충헌이었습니다.

김역사 기자

최충헌은 꽤 높은 무신 집안 출신이었습니다. 그래서 천민 출신인 이의민이 권력을 잡은 것이 못마땅했어요. 결국 최충헌은 이의민을 죽이고 신종을 왕의 자리에 앉혀 허수아비로 삼았답니다. 이후 최충헌은 본격적으로 권력을 쥐고 친한 사람들에게 높은 벼슬을 나누어 주었어요. 이때부터 권력은 모조리 최씨들의 차지가 되었지요.

최충헌은 자신의 권력을 유지하기 위해서라면 어떤 일도 서슴지 않았답니다. 반대 세력은 사정없이 죽였어요. 심지어 자신의 동생까지도 말이죠.

최충헌은 자신의 권력을 더욱 강하게 하기 위해 최고 권력 기구로 교정도감을 설치하여 이곳에서 국가의 중요한 일을 처리했어요. 또 **도방**을 두어서 자신의 개인 경호 부대로 삼았어요. 그는 항상 3천 명 이상의 군사를 거느리며 자신의 권력을 과시하였지요.

최충헌은 재산을 불리고 자신의 조직을 먹여 살리기 위해 전국 곳곳에 거대한 농장을 만들었어요. 그의 농장은 강화를 비롯해 진도, 보성 등 자그마치 9개 군에 걸쳐 있었답니다. 이렇듯 독재 권력을 휘두르던 최충헌은 권력을 잡은 지 23년 째 되는 해에 병으로 세상을 떠나게 되었고, 그의 아들 최우가 권력을 물려받았어요. 왕이 있었지만 실제 권력은 모조리 최우의 차지였어요.

최우는 교정도감과 도방 이외에 **인사**를 담당하는 정방을 차렸어요. 정방은 최우의 집에 설치되었고, 정부의 모든 인사권이 그의 손 안에서 결정되었지요. 왕은 단지 정방의 결정을 따를 뿐이었어요.

또, 최우는 군사 조직으로 삼별초를 만들었어요. 삼별초는 경찰 조직이라고 생각하면 돼요. 개인을 위해 만든 조직이 도방이라면 삼별초는 나라를 위해 만든 조직이었어요. 하지만 최우는 삼별초 역시 자신의 권력을 더 강화하는 데 활용했답니다.

최우는 30년간 권력을 잡았는데, 집권이 끝난 후 그의 아들 최항에게 권력을 물려주었고, 최항은 8년 뒤에 그의 아들 최의에게 자신을 잇도록 하였습니다. 하지만 최의는 나이가 어린데다가 총명하지 못해 결국 죽임을 당하고 말았어요. 이로써 4대 60여 년에 걸친 최씨 정권은 막을 내리게 되었답니다. 하지만 최씨 정권이 끝났다고 해서 무신 정권이 사라진 것은 아니었어요. 무신 정권은 이후에도 김준, 임연, 임유무에게 이어지며 계속되었죠. 1270년, 임유무가 문신들에 의해 목숨을 잃게 되면서 무신 정권은 막을 내렸답니다.

도방
원래 경대승이 신변 보호를 위해 만든 사병 집단이에요. 최충헌은 병사들 가운데 힘센 사람들을 뽑아 도방을 만들어 자기 집을 지키게 하였어요.

인사
관리를 선발하고 해임하는 것과 관계되는 일

스페셜뉴스  비하인드 뉴스

문신 못지않은 무신들의 수탈과 횡포

최씨 정권은 무신 정변 이후 무신 간의 권력 다툼으로 인한 혼란을 정리하며 정치적·경제적 안정을 꾀했어요. 하지만 백성들은 이와 반대되는 삶을 살게 되고 말았지요. 오늘은 문신 못지않았던 무신들의 수탈과 횡포에 대해 낱낱이 파헤쳐 보겠습니다.

사건 일지 1

1196년 ○월 ○일
최충헌, 사병을 모집하다

최충헌은 정권을 잡은 후, 권력을 안전하게 지키기 위해 사병을 모집했다. 최충헌은 이 과정에서 자신에게 충성하는 병사를 많이 모집하기 위해 창자루에 은으로 만든 병을 달아 사람들에게 자랑해 보이기도 했다. 이것을 본 사람들은 재물에 욕심이 났고, 이로 인해 많은 사람들이 국가보다는 최씨 정권에 소속되길 희망했다. 최충헌에게 속한 군사는 두세 겹으로 줄을 서면 그 길이가 1km를 넘었다고 한다.

사건 일지 2

1200년 ○월 ○일
최충헌, 토지를 불법으로 소유하다

최충헌은 수많은 자신의 사병들을 먹여 살리기 위해 백성들에게 세금을 더 많이 거두었다. 이로 인해 백성들의 삶은 점점 더 어려워졌다. 또 최충헌은 백성들의 토지를 빼앗아 불법적으로 소유하며 지방 곳곳에 많은 농장을 만들었다.

최충헌 | 무인 시대

사건 일지 3

1232년 ○월 ○일
최우, 몽골의 침략에도
권력 유지만 생각하다

최충헌의 아들 최우가 권력을 잡았을 때 몽골이 고려를 침략하였다. 이때 최우는 자신의 권력을 보호하기 위해 백성들을 버려두고 강화도로 들어갔다. 이곳에서 무신들은 개경에서 누렸던 사치 생활을 그대로 이어갔다. 그들은 전쟁의 고통에 시달리고 있던 백성들의 생활은 아랑곳하지 않은 채 곡식과 특산물 등 많은 세금을 거두어들였다.

이렇듯 무신 정권은 자기들의 이익을 챙기느라 바쁜 나머지 백성들의 생활을 돌보는 데는 전혀 관심이 없었어요. 백성의 입장에서 보면 문신에서 무신으로 그 주인이 바뀌었을 뿐, 누가 권력을 잡든 간에 지배 계층의 비리와 사치는 끊이지 않았던 셈이지요. 오히려 무신들은 전에 누리지 못했던 것에 대한 보상 심리로 백성들에게 더 횡포를 부렸고, 백성들의 재산을 강제로 빼앗았습니다. 이러한 틈을 타 지방의 관리들도 욕심을 채우기 위해 함부로 세금을 걷어 백성들의 생활을 더욱 어렵게 했답니다.

처음 무신 정권이 들어섰을 때, 백성들은 무신들에게 기대하는 것이 많았습니다. 무신들의 호화로운 생활에 빠진 문벌 귀족들과는 다른 정치를 펼칠 것이라 생각했죠. 그래서 일부 백성들은 무신들이 난을 일으키자 이에 협력하기도 했어요. 무신들이 자신들의 고통스런 삶을 끝내 주길 바라는 마음에서였지요. 하지만 이들의 기대는 물거품이 되었어요. 무신 집권기에 오히려 고려는 더 황폐해져 갔고, 무거운 세금에 시달리던 백성들은 도망을 치거나 도적이 되기도 하였습니다.

 **고종훈의 한국사 브리핑**

인물 핵심 분석 ▶ 최충헌

QR 코드를 찍으면 고종훈 선생님의 강의를 볼 수 있어요.

시대 ▶ 1149년~1219년
내가 제일 싫어하는 사람은? ▶ 문신들
나의 재산은 ▶ 전국 곳곳의 농장과 이루 헤아릴 수 없는 현금
나의 정치적 기반은? ▶ 교정도감
나의 힘은? ▶ 나의 사병 부대인 도방
연관 검색어 ▶ 무신 정권, 정중부의 난, 이의민
역사적 중요도 ▶ ★★★★☆

고려 문신들이 무신들을 무시하자 불만이 쌓여갔어요.

고려는 문신을 우대하고 무신을 차별했어요. 문신들은 무신들에게 허드렛일을 시켰고 무시했어요. **문벌 귀족이 권력을 독점하고 의종이 실정을 거듭하자 무신들의 불만이 점차 높아지고 있었지요.**

무신들이 반란을 일으켰어요.

보현원에서 무신들이 반란을 일으켰어요. **정중부, 이의방, 이고가 중심이 되어 문신들을 살해하고 정권을 잡았지요.** 그들은 의종을 폐하고 명종을 왕으로 세웠어요. 이때부터 무신들이 권력을 잡은 거예요.

혼란을 딛고 최씨가 정권을 잡았어요.

무신 정권 초기에는 무신 간의 권력 다툼으로 최고 권력자가 자주 바뀌고 사회가 혼란하였어요. 그러다 **최충헌이 권력을 잡은 후 4대 60여 년 동안 최씨 정권이 이어졌습니다.** 최충헌은 교정도감을 설치하고 도방을 두어서 자신의 권력을 유지했어요.

1 인물 초대석

생방송 한국사

선종을 중심으로 교종을 통합하자!

고려의 불교는 시간이 지나면서 점점 타락의 조짐을 보였는데요. 이를 극복하기 위해 새로운 바람이 불고 있습니다. 그 변화를 이끈 주인공은 바로 지눌입니다. 오늘 인물 초대석에는 지눌 스님을 모셨는데요. 지눌 스님, 먼저 불교 개혁 운동을 펼치게 된 계기부터 말씀해 주시죠.

지눌

불교는 오래전부터 문제점을 가지고 있었어요. 고려 전기에 문신들이 권력을 잡으면서 불교는 귀족들의 전유물이 되어버렸지요. 문벌 귀족들은 절을 세우고 많은 재산을 기부한 후 자식들을 출가시켜 관리했어요. 그러자 수행을 하는 공간인 절이 속세의 일에 휩쓸려 점점 타락하였지요. 금·은으로 만든 불상을 최고로 치는 등 불교는 점점 사치스러워졌어요. 그래서 저는 이를 반성해야 함을 강조하면서 '수선사 결사'라는 운동을 펼쳤어요.

수선사 결사 운동은 불교 개혁 운동이라고 할 수 있습니다. 결사란 뜻을 같이하는 무리들이 맺은 단체라는 의미예요. 승려는 본래의 자세로 돌아가 매일 불경을 읽고, **참선**을 행하고, 몸을 움직이는 일에 힘써야 함을 강조한 것입니다.

참선
마음을 한곳에 모아 고요히 생각하는 일

 154 지눌 | 고려 불교를 개혁하라

수선사 결사 운동의 무대는 전라남도 순천에 있는 수선사(오늘날의 송광사)로, 수도인 개경과는 멀리 떨어진 곳이었죠. 아무래도 귀족의 영향에서 벗어나기 위해서는 지방에서 시작하는 게 나을듯 했거든요. 수선사 결사 운동은 시골의 한적한 곳에서 시작했지만, 개혁의 필요성을 느끼던 분들에게 큰 호응을 얻어 많은 승려들이 저를 따랐습니다.

수선사 결사 운동을 성공시키신 후 지눌 스님은 어떤 활동을 하셨습니까?

저는 조계종을 새로 열었어요. 조계종은 선종의 입장에서 교종을 통합한 불교입니다. 조계종에는 제 마음의 스승이라 할 수 있는 중국 **혜능**의 수행법을 이어받겠다는 뜻이 담겨져 있어요. 혜능은 **선종**을 중요시했는데, 그가 머물렀던 산의 이름이 바로 조계산이었지요.

그렇다면 조계종에서 강조한 것은 무엇입니까?

조계종에서는 '정혜쌍수'와 '돈오점수'를 강조했어요. 말이 조금 어렵지요? 우선 정혜쌍수부터 말씀드리면, '정(定)'은 참선을, '혜(慧)'는 교리를, 쌍수(雙修)는 둘 다 닦는 것을 의미해요. 그러니까 진정한 수행자는 참선과 교리 모두 수양해야 한다는 것으로, 특히 교리보다 참선을 더 중요하게 여겨야 함을 강조했습니다.

돈오점수에서 '돈오(頓悟)'는 참선을 통해 어느 순간 진리를 깨닫는 것을 의미하며, '점수(漸修)'는 깨우친 바를 꾸준히 실천한다는 뜻이에요. 그러니까 돈오점수는 '먼저 깨닫고 난 뒤에도 꾸준히 실천하는 것이 진정한 깨달음'이라는 주장이지요.

혜능
혜능은 깨달음을 얻기 위해 15년 동안 중국을 돌아다녔고, 선종을 확립했어요. 지눌은 혜능을 평생의 스승으로 삼았답니다.

선종
참선 수행으로 깨달음을 얻는 것을 중요시하는 불교의 한 종파

저는 타락한 불교계를 본래 모습으로 돌려놓을 유일한 방법은 오직 참선이라고 생각했어요. 과거에 대각국사 의천은 '교종을 중심으로 선종을 통합하자.'는 운동을 펼쳤는데, 그 결과 이론에 치우쳐 입으로만 불교를 섬기는 문제가 생기고 말았죠. 또 이러한 상황에서 문자를 모르는 일반 백성들은 소외를 당하기 마련이었습니다.

하지만 이론에 포함된 의미를 잘 이해하고 실천하는 것 또한 중요하지 않습니까? 그래서 저는 '선종을 중심으로 교종을 아울러야 불교가 바른 길로 나아갈 수 있다.'고 판단했습니다.

그렇군요. 그렇다면 참선은 어떤 방법으로 이루어집니까?

참선을 행하는 방법은 여러 가지가 있지만, 주로 의식을 한곳에 집중해 생활하는 것이 대표적인 수행법입니다.

구분	해동 천태종	조계종
발전 시기	고려 중기(11세기)	고려 후기(12세기)
창시자	의천	지눌
후원 세력	문벌 귀족	무신 정권
주장	교관겸수	돈오점수, 정혜쌍수
특징	교종(화엄종)의 입장에서 선종 통합	선종을 중심으로 교종 통합

▲ 고려 시대 해동 천태종과 조계종

예를 들어 '나는 누구인가', '사람은 죽어서 무엇이 되는가' 등 복잡한 문제에 대해 깊이 생각하고 답을 구하는 것이죠. 이와 같은 물음을 계속 하다보면 결국 깨달음을 얻어 도덕적으로 바른 행동에까지 이를 수 있을 것입니다.

정혜쌍수와 돈오점수를 강조한 조계종에 대한 반응이 꽤 괜찮았다고 들었는데요. 맞습니까?

그렇습니다. 저를 비롯한 많은 승려들은 그동안 불교가 지나치게 정치에 간섭하고 온갖 부정부패로 백성들에게 피해를 준 점에 대해 깊이 반성했습니다. 이러한 불교 개혁 운동은 널리 퍼져 나가게 되었고, 교종을 중요시한 승려들에게도 영향을 주게 되었지요. 특히 당시 정권을 장악한 무신들은 조계종을 지원하여 자신들의 지지 기반으로 삼으려 했어요. 불교는 고려를 지탱하는 정신 세계의 바탕이었으니까요.

▲ 보조국사 지눌 | 지눌은 53세의 나이로 세상을 떠나게 되었는데, 그의 죽음을 안타깝게 여긴 희종은 '보조국사'라는 칭호를 내려 주었습니다. 보조국사는 부처님의 해처럼 널리 비추는 나라의 스승이라는 뜻입니다.

네, 잘 들었습니다. 지눌 스님의 활동 덕분에 고려 불교가 본연의 모습으로 돌아가는 계기가 마련되었다고 할 수 있겠군요. 지눌 스님, 앞으로도 좋은 활동 부탁드립니다.

스페셜뉴스 — 현장 브리핑

절에서 이루어진 경제 활동을 아시나요?

김역사 기자

고려 시대에 절은 토지를 소유하고 있었어요. 그리고 나라에서도 토지세를 받을 수 있는 땅을 따로 주었기 때문에 살림이 꽤 넉넉했어요. 게다가 불교 신자들과 고려 왕들도 개인과 나라의 평안을 바라는 의미에서 절에 땅을 바쳐, 절이 소유한 땅의 규모는 어마어마했습니다. 그런데 절은 이것으로도 모자라 백성들을 상대로 경제 활동까지 했다고 하는데요. 과연 어떤 일을 했는지 자세히 알아볼까요?

많은 사람들이 드나드는 절은 여러 가지 물건들을 사고파는 시장이기도 했어요. 절에서는 파, 마늘, 벌꿀, 소금 등을 생산해 팔았으며 심지어 술까지 만들어 팔았어요. 술 판매에 대해서는 나라에서 여러 차례 금지 명령을 내렸지만 제대로 지켜지지 않았지요.

절은 고리대업(돈을 빌려주고 높은 이자를 받는 사업)에 손을 대어 돈을 벌어들였어요. 고리대업의 피해자는 고스란히 백성들이 되었지요. 돈을 빌려 간 백성들이 이자를 내지 못하거나 돈을 갚지 못하면 절에서는 그 값에 해당하는 만큼 토지를 빼앗아 갔답니다. 또, 지나가는 나그네에게 돈을 받고 잠자리와 식사를 제공해 주기도 했어요. 오늘날의 호텔과 비슷하죠? 사실 절에서 이루어지는 경제 활동이나 돈을 빌려 주는 것 자체가 불법인 것은 아니었어요. 하지만 고려 시대에 이르면 그 정도가 점점 심해졌답니다.

절은 소유한 땅에서 농사를 지어 수확물을 거두거나, 농민들에게 땅을 빌려주고 소작료를 받기도 했습니다. 또, 농민들에게 소를 빌려주고 그 대가로 돈을 받았어요. 소는 비싼 가축이라 일반 농민들은 키우기가 힘들었거든요.

고려의 절은 넓은 땅을 가진 지주였어요. 그럼 절이 소유한 땅의 넓이는 어느 정도나 될까요? 경상남도 양산에 통도사라는 유명한 절이 있어요. 이 통도사 주변에는 여러 개의 비석이 서 있는데, 이를 장생표라고 해요. 장생표는 절의 영역을 나타내는 표지판이에요. 통도사 주변의 장생표는 모두 12개로, 장생표에 둘러싸인 논밭을 따져 보면 사방의 둘레가 무려 4만 7000보(약 14km)라고 합니다. 이것만 봐도 고려 시대의 절이 얼마나 넓은 토지를 소유했는지 짐작할 수 있겠죠?

절에서 이루어진 경제 활동을 잘 보셨나요? 고려 시대의 승려들은 도를 닦기 보다는 넓은 농장을 차지하기 위해 열을 올렸으며, 큰돈을 만질 수 있는 절의 운영권을 놓고 싸우기까지 했어요. 얼마나 도가 지나쳤는지 상상이 되시겠죠? 몇몇 뜻있는 학자들과 정치가들이 이러한 상황을 비판했지만, 나아지는 기미는 쉽게 보이지 않았답니다.

고려 백성들의 불교 조직, 향도

▲ 경남 사천시 매향비

고려의 백성들은 죽음을 맞이했을 때 미륵보살을 만나 구원을 받고자 했고, 이로 인해 바닷가에 향나무를 묻는 풍습이 생겼습니다. 향나무는 오랜 시간이 지나면 향이 깊어지는데, 그때 향나무에서 피어오르는 향기가 사람과 신을 이어준다고 생각했거든요. 이렇게 향나무를 땅에 묻는 풍습을 매향이라 하고, 이 '매향 활동을 하는 무리'를 향도라고 해요. 향도는 대부분 승려와 일반 신도들로 구성되었는데, 적게는 20명부터 많게는 4,000여 명에 이르기까지 다양한 규모였어요. 향도는 매향뿐만 아니라 불상이나 석탑을 만들거나 절을 지을 때에도 도움을 주었답니다. 고려 후기에는 제사, 혼례, 장례식 등 마을에 큰 일이 있을 때 서로 협동하는 조직으로 변모하였어요. 그러다 조선 시대에 이르러 향도는 대부분 소규모로 구성되었고, 두레(농민들이 농사일이 바쁠 때 농사일을 공동으로 하기 위해 만든 조직)와 같은 조직으로 발전하였습니다.

고종훈의 한국사 브리핑

인물 핵심 분석 ▶ 지눌

QR 코드를 찍으면 고종훈 선생님의 강의를 볼 수 있어요.

시대 ▶ 1158년~1210년
내가 제일 싫어하는 것은? ▶ 불교의 사치
'나'하면 떠오르는 단어는? ▶ 조계종
내가 중요하게 생각하는 것 ▶ 정혜쌍수와 돈오점수
남기고 싶은 한 마디 ▶ 선종을 중심으로 교종을 아우르자!
역사적 중요도 ▶ ★★★★☆
시험 출제 빈도 ▶ 높음

불교가 사치를 일삼자 지눌이 개혁을 추진했어요.

귀족들이 불교를 후원하자 불교가 점차 사치스러워지기 시작했어요. 지눌은 불교 개혁을 위해 승려는 처음의 자세로 돌아가 참선을 해야 한다는 수선사 결사 운동을 펼쳤어요. 또한 **지눌은 선종 위주로 교종을 통합하는 조계종을 창시했어요.**

인물 관계 분석

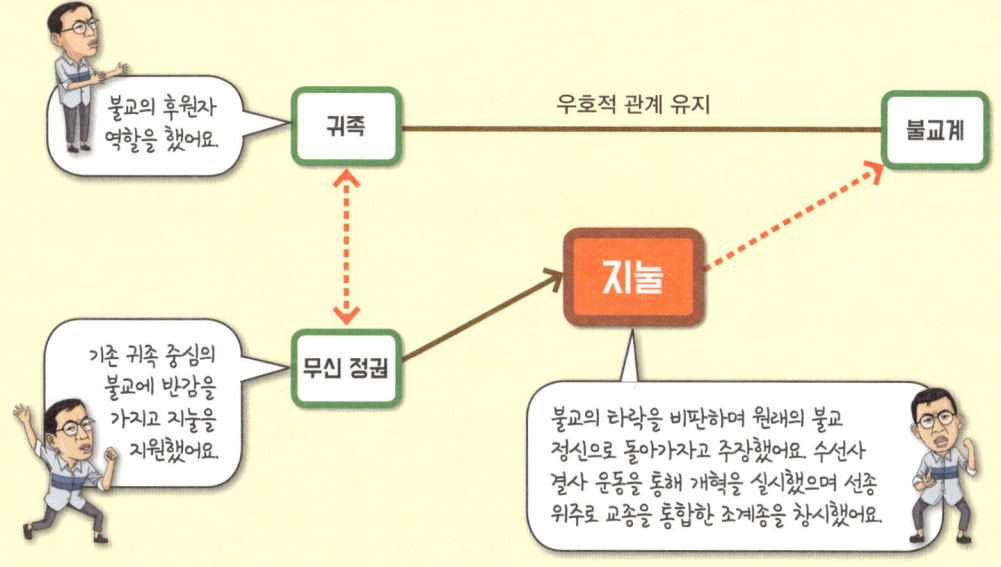

1 헤드라인 뉴스

노비 만적이 난을 계획했다는 것이 밝혀져 고려 사회에 충격을 주고 있습니다. 노비가 난을 일으킨다는 건 정말 상상도 할 수 없었던 일입니다. 게다가 신분 해방을 주장했다는데요. 도대체 어떻게 된 일일까요? 자세한 소식은 김역사 기자가 전해 드리겠습니다.

그 자신도 노비였던 만적은 짐승만도 못한 취급을 받는 노비들을 모아 난을 일으키고자 했습니다. 당시 노비들은 개인이나 나라에 딸려 있는 사람으로, 재산과 마찬가지로 취급되었지요. 노비들은 한평생 일만 하다 삶을 마감했고, 주인 마음대로 이리저리 팔려 다니는 신세였어요. 이런 처지는 자식에게까지 대대로 이어졌지요.

고려는 신분제 사회였기 때문에 대부분의 노비들은 이러한 현실을 당연하게 생각하고 받아들일 뿐이었어요. 하지만 만적의 생각은 달랐어요. 그는 노비라는 신분 자체를 없애야 한다고 생각한 거예요.

그러한 가운데 무신들이 정변을 일으켜 정권을 장악하면서 고려의 신분 제도가 조금씩 흐트러지기 시작했어요. 만적은 이때 미래에 대한 희망을 보았던 모양이에요. 무신들이 권력을 가지는 데 도움을 준 천민들

개경에서 노비 만적이 신분 해방을 부르짖었다고 합니다.

김역사 기자

양인(良人)
노비 등 천민이 아닌 일반 백성을 뜻해요.

관노
관가에 속하여 있던 노비

부역
국가가 보수 없이 백성에게 의무적으로 책임을 지우는 노동

왕후장상(王侯將相)
지배층인 제왕, 제후, 장수, 재상을 아울러 이르는 말

중에는 그 대가로 **양인**이 되거나, 벼슬에 오른 자도 있었거든요.

그 대표적인 예가 이의민입니다. 이의민은 노비 출신이었지만, 한때 왕보다 더 강력한 권력을 갖고 고려를 좌지우지했어요. 만적은 이러한 상황을 지켜보면서 자신이 꿈꾸는 일, 즉 노비들의 신분 해방이 현실이 될 수도 있다고 생각하게 된 것이죠.

1182년, 전주에서 **관노**들이 난을 일으켰어요. 전주의 '진대유'라는 관리에게 불만을 가진 백성들이 함께 일어나 그를 내쫓은 것이에요. 진대유는 백성들의 사소한 잘못에도 벌을 심하게 주었고, **부역**을 시킬 때에도 채찍질을 하며 일을 시킨 나쁜 관리였어요.

전주 관노의 난은 실패하고 말았지만 난을 일으킨 백성들은 40여 일이나 버텼고 관리를 바꾸는 데 성공했어요. 만적은 이 사건을 거울삼아 조금 더 치밀하고 조직적으로 반란을 계획한다면 성공할 수 있을 거라는 확신을 갖게 되었지요. 그래서 개경의 노비들과 함께 난을 일으키는 계획을 세웠어요. 만적은 노비들을 한데 불러 놓고 말했습니다.

"**왕후장상**의 씨가 어찌 따로 있으랴. 때가 오면 누구나 할 수 있을 것이다. 우리들만 어찌 갖은 고생을 하면서 업신여김을 받을 수 있겠는가! 우리도 한번 세상을 바꿔보자!"

이 말을 들은 노비들은 만적의 생각에 동의하기 시작했어요. 살면서 단 한 번도 노비 신분에서 벗어날 수 있을 것이라곤 생각해 본 적 없었던 사람들이 노비 신분에서 벗어날 수 있다는 희망을 갖게 된 것입니다. 그날 이후 만적을 따르는 사람들의 수는 계속 늘어났어요.

그런데 만적은 노비들을 어떻게 모았을까요? 개경의 노비들을 한데

모으기란 쉽지 않았을 텐데요. 당시 노비들에게도 지금처럼 다양한 모임이 있었다고 해요. 나름 커뮤니티가 있었던 거죠.

개경의 노비들은 주로 북산에서 땔나무를 했어요. 노비들은 땔나무를 하면서 서로 자연스럽게 만날 수 있었고, 힘든 점을 하소연하거나 서로를 위로하기도 했어요. 그러니까 바로 이곳이 자연스럽게 노비들을 불러 모을 수 있는 곳이자, 난을 모

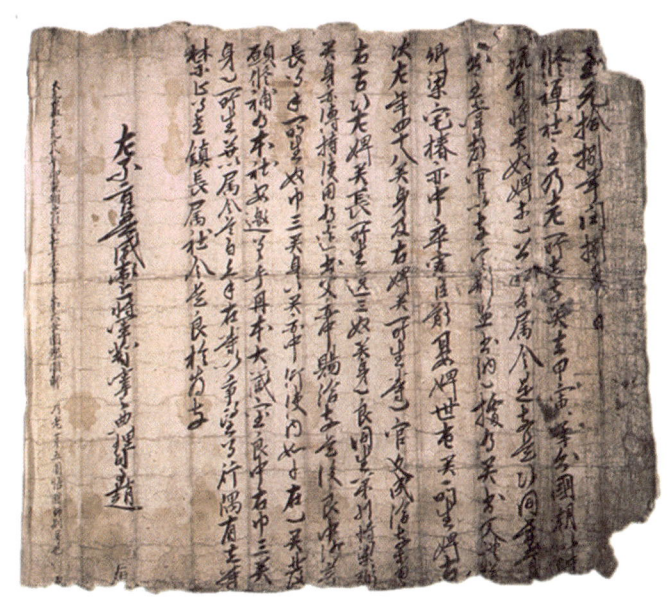

▲ 송광사 노비 문서 | 노비를 물려준다는 내용을 기록한 문서입니다. 고려 시대에 노비를 사고팔 수 있었다는 것을 보여 주지요.

의할 최적의 장소였죠. 만적은 땔나무를 하면서 노비들을 설득하고 난을 일으킬 계획을 세웠어요. 개경에 있는 노비만도 수천 명이니 한번에 들고 일어나면 안 될 것도 없겠다 싶었던 거예요.

당시 고려는 최충헌의 손 안에 있었어요. 최충헌은 날아가는 새도 떨어뜨릴 만큼 강한 권력을 가지고 마음대로 휘둘렀지요. 만적은 만약 난이 성공한다 하더라도 무자비한 최충헌이 가만있지 않을 것이라는 예상을 분명히 했을 거예요. 그 무렵 최충헌은 무려 3천여 명의 사병을 거느리고 있었으니까요.

그래서 만적은 난을 일으켜 먼저 최충헌을 죽이고, 노비들이 각자의 주인을 죽인 뒤 노비 문서를 불살라 버리기로 했어요. 주인을 죽이면 훗날 복수를 당할 염려도 없을 테니까요.

흥국사
개경에 있는 절 이름입니다.

주동자
어떤 일에 주장이 되어 행동하는 사람

만적 일행은 우선 누런 빛깔의 종이 수천 장을 오린 후 丁(정)자를 쓴 뒤 나눠 주었어요. 丁자에는 양인이라는 의미가 담겨 있거든요. 노비들은 이 종이를 가지고 1198년 5월 17일 **흥국사** 마당에서 모이기로 했어요. 丁자를 서로를 알아볼 수 있는 표지로 삼은 거지요. 흥국사는 궁궐에서 가까운 절이에요. 흥국사에 모여서 궁궐로 진격하면 궁궐 안에서도 노비들이 들고 일어날 것이라고 생각한 것이죠.

마침내 약속한 날이 왔습니다. 하지만 난은 일어나지 않았어요. 모인 사람들이 기껏해야 수백 명에 지나지 않았거든요. 만적은 이래서는 제대로 된 난을 일으킬 수 없다고 판단해 나흘 뒤 다시 모이기로 했어요. 헤어지면서 절대 비밀을 지켜줄 것을 당부하고 또 당부했어요. 만약 이 일이 발각되는 날에는 모든 것이 끝장이었으니까요.

하지만 난은 결국 시도해 보지도 못하고 발각되고 말았답니다. 순정이라는 노비가 자신의 주인에게 일러바쳤기 때문이에요. 순정은 혹시나 난이 실패할지도 모른다는 두려움에 그만 마음이 약해진 거예요. 고민 끝에 순정은 주인인 한충유에게 모든 것을 사실대로 말했고, 한충유는 최충헌에게 달려가 이 사실을 알렸어요. 최충헌은 즉시 군대를 풀어 만적을 비롯한 **주동자** 백여 명을 잡아들여 산 채로 강물에 던져 버렸어요. 이렇게 해서 만적의 난은 시도조차 해 보지 못하고 실패로 끝났어요. 하지만 노비들이 신분 제도에 정면으로 맞서 신분 해방을 주장했다는 점에서 중요한 의미가 있답니다. 주인에게 고자질한 순정은 어떻게 되었을까요? 그는 상금을 받고 노비 신분에서 벗어나 양인이 되었다고 해요.

스페셜뉴스 취재 수첩

향·부곡·소 민의 삶

　고려 시대에는 향·부곡·소라는 특수 행정 구역이 있었어요. '향'과 '부곡'의 주민들은 주로 농사를 지었고, '소'의 주민은 금, 은 등 광산물을 채취하거나 도자기, 종이, 먹 등 수공업 제품을 만들어 나라에 바쳤지요.

　향·부곡·소에 사는 사람들은 천민이 아니면서도 일반 군(郡)과 현(縣)에 사는 사람들에 비해 차별 대우를 받았어요. 고려 정부는 이곳에 마을을 돌보는 관리조차 보내지 않았지만 이곳 주민들은 오히려 더 많은 농산물이나 수공업품, 특산물을 나라에 바쳐야 했지요. 게다가 나라에서 건물을 지을 때도 이곳에 사는 사람들이 주로 동원되어 일손을 도와야 했어요. 그리고 이들은 국립학교에 입학할 수 없었고 과거 시험도 볼 수 없었으며, 승려가 될 수도 없었어요.

　이러한 차별 대우를 받은 향·부곡·소의 주민들은 군이나 현으로 떠나 살고 싶었지만, 고려 시대에는 특별한 경우가 아니면 다른 곳으로 이동해 사는 것이 금지되었기 때문에 마음대로 옮겨 살 수도 없었지요. 이로 인해 향·부곡·소에 사는 주민들은 불만이 이만저만이 아니었답니다.

차별 금지! 향·부곡·소 민들의 저항, 망이·망소이의 난

향·부곡·소에 사는 사람들의 불만이 쌓이자 결국 공주 명학소에서 망이와 망소이의 주도로 봉기가 일어났어요. 굶주림과 지배층의 착취에 지친 이들은 공주의 관아를 공격하여 무너뜨렸어요. 이 소식을 듣고 놀란 고려 조정에서는 3천여 명의 군사를 보내어 난을 수습하도록 하였어요.

하지만 정부군은 봉기군의 기세에 눌려 도망가 버리고 말았습니다. 그러자 주변의 농민들과 천민들도 망이·망소이에게 기대를 걸며 봉기군에 잇따라 모여들기 시작했지요.

고려 조정은 우선 이들을 달래보기로 했어요. 사실 이때 고려 조정은 무신 정권에 대항해 일어난 조위총의 난을 수습하느라 망이·망소이의 난까지 감당할 여유가 없었거든요. 그래서 '명학소를 일반 행정 구역인 충순현으로 승격하고 관리를 보내주겠다.'는 약속을 했어요. 하지만 봉기군은 조정의 제안에 만족하지 않고 충주를 점령하는 등 세력을 계속 넓혀나갔어요. 조정은 다시 한 번 사람을 보내 봉기군을 달랬어요. 마침내 망이와 망소이는 정부군의 제안을 받아들여 화해를 했어요.

하지만 고려 조정은 약속을 지키지 않았어요. 오히려 봉기에 가담한 사람의 가족들을 모두 잡아 가두었어요. 그러자 망이와 망소이는 다시 봉기를 일으켜 왕이 사는 개경으로 쳐들어갔습니다. 이에 조정은 '충순현'을 다시 '명학소'로 돌려놓고, 봉기군들을 공격하였어요. 이렇게 해서 망이·망소이의 난은 실패로 돌아가고 말았어요.

이후에도 신분 차별에 항의하는 전주 관노의 난, 김사미의 난, 효심의 난 등이 잇따라 일어났습니다. 비록 이들의 난은 모두 성공하지 못했지만, 하층민이 신분 차별에 맞서 저항하였다는 의의를 가집니다. 또 이 과정에서 하층민들의 사회의식이 성장하게 되었답니다.

▲ 무신 집권기 하층민의 저항 운동

만적 | 신분 해방을 부르짖다

고종훈의 한국사 브리핑

인물 핵심 분석 ▶ 만적

QR 코드를 찍으면 고종훈 선생님의 강의를 볼 수 있어요.

시대 ▶ ?~1198년
나를 배신한 사람 ▶ 순정
나의 운명적 장소 ▶ 흥국사
가장 없애버리고 싶은 것은? ▶ 노비 문서
남기고 싶은 한 마디 ▶ 모든 인간은 평등하다.
연관 검색어 ▶ 만적의 난, 고려 노비, 신분 해방
역사적 중요도 ▶ ★★★☆☆
시험 출제 빈도 ▶ 보통

당시 고려의 신분제가 흔들리고 있었어요.

고려의 노비들은 개인의 재산처럼 취급되었어요. 그러나 **무신 정변이 일어나면서 무신들의 권력 획득에 이바지한 노비는 신분이 상승하기도 하였어요.** 대표적인 예로 이의민이 있어요. 이의민은 노비 출신이었지만 무신이 되어 최고 권력자의 자리까지 오르기도 했지요.

만적이 난을 일으켰어요.

만적은 신분 해방을 목적으로 개경의 노비들과 함께 난을 일으킬 계획을 세웠습니다. 그러나 만적의 계획은 사전에 발각되어 결국 시도도 해보지 못하고 실패로 돌아갔어요. 만적의 계획은 신분 사회였던 고려에 놀라움을 안겨 주었습니다.

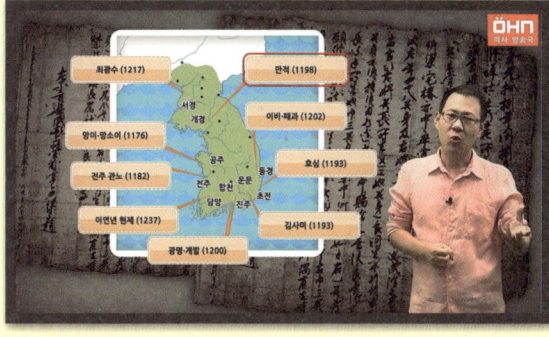

이밖에도 많은 하층민들의 신분 해방 운동이 있었어요.

전주에서는 관노들이 반란을 일으켰습니다. 공주 명학소에는 망이와 망소이를 중심으로 난이 일어났습니다. **이외에도 여러 지역에서 신분 해방 운동이 일어났습니다.**

16 김윤후

몽골에 대항한 고려의 승려

시대 ?~?

타임라인 뉴스

?	?	1232	1258	?
경기도 용인에서 태어나다	승려가 되다	처인성에서 몽골 장군 살리타를 살해하다	동북면 병마사 자리에 오르다	입적(사망)하다

1 헤드라인 뉴스

세계 제국 몽골, 고려를 짓밟다!

현재 중국은 몽골의 성장으로, 변화의 바람이 빠르게 불고 있습니다. 대제국으로 성장한 몽골은 현재 세계 곳곳을 누비며 세력 행사를 하고 있습니다. 이웃 나라인 고려도 영향을 받지 않을 수 없게 되었는데요, 자세한 소식은 김역사 기자가 알려드리겠습니다.

몽골 제국은 가장 먼저 금을 공격하고, 송(남송)도 공격해 집어삼켰습니다. 몽골 제국이 급격히 성장하자 주변의 여러 나라들은 불안에 떨어야 했어요. 고려도 예외일 수 없었지요.

최충헌이 정권을 잡았던 시기인 1216년에 거란군의 일부가 몽골군에 쫓겨 압록강을 건너 고려까지 내려온 적이 있었어요. 이때 거란군은 개경 근처까지 침입했어요.

고려는 김취려 장군을 중심으로 죽을힘을 다해 거란군에 맞섰지만 막아 내지는 못했어요. 사실 그 당시에는 최충헌을 보호하기 위한 군사가 더 많았기 때문에 고려의 군대는 힘이 많이 약했거든요. 이 같은 싸움은 무려 2년 동안 계속되었고 고려는 더 이상 감당할 수 없는 상태가 되었어요.

> 13세기 초 칭기즈 칸은 여러 몽골 부족을 통일하며 세력을 키워나갔습니다.

김역사 기자

차선책
최선에 버금가는 방법

본거지
활동의 근거로 삼는 곳

강동성
지금의 평안남도 강동입니다.

국면
새로운 일이 벌어진 형편

결국 고려는 **차선책**을 택하게 되었는데, 신흥 대국인 몽골과 힘을 합해 거란을 물리치기로 한 거예요. 1218년 몽골군과 고려군은 거란의 **본거지**인 강동성으로 향했어요. 몽골과 고려의 연합군은 **강동성**을 에워싸고 거란을 끈질기게 공격했고, 거란은 한 달을 버티다가 성문을 열고 나와 항복했답니다.

거란을 물리친 후 고려는 새로운 **국면**을 맞이했습니다. 몽골이 거란을 물리치는 데 자신들이 엄청난 공을 세웠다며 큰소리를 치기 시작한 거예요. 그러면서 고려에 형제의 관계를 맺을 것을 강요했어요. 말이 형제의 관계이지 해마다 공물을 바치며 몽골을 섬기라는 것이었죠.

고려 입장에서는 무리한 요구였어요. 그러나 당시 몽골은 세계 최강국이었어요. 그런 몽골과 전쟁을 한다는 것은 계란으로 바위치기나 마찬가지였어요. 고려 조정에서는 몽골의 요구를 일단 받아들이는 수밖에 없었죠. 그 후 몽골은 수시로 사신을 보내 막대한 공물을 요구했습니다. 두 나라 사이에 갈등이 생길 수밖에 없었던 것이죠. 고려는 이때부터 전쟁이 일어날 것을 대비해 의주 등지에 성을 쌓고 개성의 나성을 수리했어요.

그러던 중 고려에 온 몽골 사신 저고여가 몽골로 돌아가던 길에 죽임을 당하는 사건이 발생했어요. 고려는 도적들의 소행이라고 주장했지만 몽골은 자기들이 보낸 사신을 고려 정부가 죽였다고 생각했어요. 몽골은 크게 분노했고, 결국 복수를 하겠다고 선언했지요.

그렇지만 다행스럽게도 이 무렵 몽골 제국의 제1대 왕인 칭기즈 칸이 사망하는 바람에 몽골이 바로 쳐들어 오지는 않았어요. 고려의 앞날은 어떻게 될까요? 새로운 소식이 들어오는 대로 전해 드리겠습니다.

2 심층 취재

생방송한국사

몽골 장군 살리타를 사살한 승려 김윤후

몽골 사신 저고여의 피살 사건 발생 후 고려는 몽골의 연이은 침입을 받게 되었습니다. 그야말로 아수라장이 따로 없습니다. 그런데 이때 혜성같이 나타난 승려가 있었으니, 바로 김윤후입니다. 이 시간에는 몽골군의 침략과 김윤후의 활약에 대해 알아보겠습니다.

몽골이 침략하자 고려는 필사적으로 맞섰지만 결국 개경이 포위되고 말았어요. 결국 고려 정부는 몽골과 **강화**를 맺고 마무리했어요. 몽골의 1차 침입 후, 당시 집권자였던 최우는 도읍을 강화도로 옮기고 몽골과의 전쟁에 대비했어요. 몽골은 아시아 대륙 한가운데 있기 때문에 육지에서는 강한 전투력을 보이지만, 바다로 둘러싸인 섬에서는 상대적으로 약할 것이라고 생각했거든요. 또, 강화도는 수도 개경으로부터 가깝고 곡식이 많이 생산되며, 배를 이용한 세금의 운반이 편리한 지역이었기 때문이에요. 최우는 육지에 남게 될 백성들에 대해서는 별 다른 대책을 세우지 않았어요. 그저 산이나 성으로 들어가서 몸을 피하라고만 했을 뿐이었죠.

고려가 강화도로 도읍을 옮겼다는 소식을 들은 몽골은 최우에게 당장 군사를 이끌고 나오라고 통보했어요. 하지만 최우는 말을 듣지 않았

> 저고여 피살 사건으로부터 6년이 흐른 뒤 몽골은 살리타의 지휘 아래 고려를 침입했습니다. 이것이 몽골의 1차 침입입니다.

김역사 기자

강화
싸우던 두 편이 싸움을 그치고 평화로운 상태가 됨

처인성
지금의 경기도 용인에 있었던 토성으로, 처인성이 있던 곳은 부곡이었어요. 부곡의 주민들은 천민이 아니면서도 차별 대우를 받고 세금과 부역에 시달렸어요.

어요. 그러자 몽골의 2차 침입이 시작되었죠. 고려군은 강화도를 지키며 몽골과의 정면 대결을 피했어요. 그러면서도 결코 몽골에게 항복하지는 않았죠.

육지의 사정은 달랐어요. 몽골의 1차 침입 때 고려의 많은 군사가 전사했고, 최우가 자신이 이끌던 삼별초와 고려군을 데리고 강화도에 들어간 상태였거든요. 육지에 남은 백성들은 스스로를 지키는 수밖에 없었습니다.

하지만 백성들은 용감했어요. 2차 침입 당시 몽골 장군 살리타가 한강을 건너 내려오던 중 경기도 용인의 **처인성**을 공격한 일이 있었습니다. 이때 백성들을 이끌었던 사람은 승려 김윤후였어요. 김윤후는 처인 부곡 사람들과 함께 몽골군에 맞서 싸웠고, 이때 몽골 장군 살리타는 김윤후가 쏜 화살에 맞아 죽었어요. 지휘관을 잃고 당황한 몽골군은 서둘러 물러났지요.

몽골군은 고려에 총 7번 쳐들어 왔어요. 5차 침입 때 김윤후가 또 한 번 활약을 했지요. 그는 충주성에서 노비들을 모아 놓고 "죽기를 각오하고 온 힘을 다해 싸우면 모두에게 벼슬을 내릴 것이다."라고 말하며 노비 문서를 불태우고 사로잡은 소와 말을 나누어 주었어요. 그러자 노비들까지 용맹하게 맞서 싸워 승리를 거두게 되었지요.

하지만 계속된 전쟁으로 백성들은 점점 지쳐갔고, 피해는 갈수록 커졌어요. 그러다 권력을 물려받은 최의가 죽임을 당하자, 몽골은 수도를 다시 개경으로 옮길 것과 왕이 직접 몽골로 찾아와 황제에게 인사를 드릴 것의 두 가지 조건을 걸고 화해를 제안했어요. 고려 조정은 결국 몽골의 조건을 받아들여 강화를 맺었고, 몽골과의 전쟁도 끝이 났지요.

온 백성의 간절한 바람을 담은 팔만대장경

몽골과의 전쟁으로 고려가 입은 피해는 엄청났어요. 목숨을 잃은 사람은 셀 수 없었고, 수많은 사람들이 포로로 몽골에 끌려갔습니다. 심지어 우리의 문화재가 불타 없어지기도 했는데, 대구 부인사에 있는 초조대장경이 대표적인 경우입니다.

초조대장경은 고려 최초의 대장경으로, 부처님의 힘을 빌려 거란을 물리치려는 바람을 담아 만든 것입니다. 정성들여 만든 초조대장경이 몽골의 침입으로 한순간에 불타 버렸으니 그것을 바라보는 백성들의 심정은 오죽 안타까웠을까요.

이러한 상황을 두고 고려 시대의 문장가 이규보는 "몽골인의 잔인하고 흉악한 성격은 이루 다 말할 수 없고, 이들의 어리석음이 짐승보다 더 심하다. 이 때문에 몽골인이 지나는 곳마다 불상과 책들이 모두 불탔고, 초조대장경도 불태워져 남아나지 못했던 것이다."라고 하였어요.

고려 사람들은 불타 버린 초조대장경 대신 새로 대장경을 만들었어요. 그것이 바로 팔만대장경입니다. 팔만대장경은 총 81,258장의 목판에 8만 4천 개의 부처의 가르침이 실려 있기 때문에 붙여진 이름이에요.

팔만대장경은 몽골의 침입 때 임시 수도였던 강화도에서 만들어졌어요. 초조대장경과 마찬가지로 부처의 힘으로 몽골을 물리치기 위해 만들어졌지요. 한편으로는 이를 통해 고려 백성들의 뜻을 하나로 모아 단결시키려는 의도도 있었답니다.

▶ 초조대장경

세계적인 불가사의, 팔만대장경

팔만대장경은 당시 무신 집권자였던 최우의 지휘 아래 만들어졌어요. 최우는 강화도에 팔만대장경 제작을 담당하는 관청을 설치하고 전국 각지의 필사자, 목수, 교정자, 기타 작업자 등을 불러 작업을 지시했어요. 필사자는 판각용 종이에 글씨를 쓰는 사람을 말하는데, 필사자가 쓴 종이를 그대로 새기는 작업은 목수가 담당했어요. 이때 목수들은 '불경은 부처님의 말씀'이라 하여 하나의 글자를 새길 때마다 절을 세 번씩 했다고 해요. 목수들의 작업이 끝나면 교정 작업을 하게 되는데 이때에는 불교 지식이 깊은 승려나 학자들이 작업을 맡았답니다. 이런 과정을 거쳐 팔만대장경은 자그마치 16년의 노력 끝에 탄생했습니다.

팔만대장경은 틀린 글자도 거의 없고, 수백 명이 작업했음에도 글씨체가 거의 같아 한 사람이 작업한 것과 같은 느낌을 줍니다. 내용에 있어서도 세계의 어느 대장경보다도 우수하답니다.

▼ 해인사 장경판전 | 팔만대장경을 보관하고 있는 해인사 장경판전

팔만대장경은 만들어진 지 무려 7백여 년이 지났지만 나무로 만든 경판이 좀먹거나 뒤틀리지 않고, 아직도 만들어진 당시와 같은 상태를 유지하고 있어요. 또, 팔만대장경을 보관하고 있는 장경판전 역시 해충과 습기를 막고 바람이 잘 통하도록 설계된 것으로 유명해요. 이러한 과학적·역사적 가치를 인정받아 팔만대장경은 세계기록유산으로, 팔만대장경을 보관하고 있는 장경판전은 유네스코 세계 문화유산으로 지정되었답니다.

고종훈의 한국사 브리핑

인물 핵심 분석 ▶ 김윤후

QR 코드를 찍으면 고종훈 선생님의 강의를 볼 수 있어요.

시대 ▶ ?년~?년
내가 제일 싫어하는 나라 ▶ 몽골
가장 통쾌했던 순간 ▶ 살리타를 활로 쏘았을 때
남기고 싶은 한 마디 ▶ 죽기를 각오하고 온 힘을 다해 싸우면 모두에게 벼슬을 내릴 것이다
연관 검색어 ▶ 몽골, 삼별초, 처인성, 충주성
역사적 중요도 ▶ ★★★☆☆
시험 출제 빈도 ▶ 보통

몽골이 고려를 침입했어요.

고려는 몽골의 도움을 받아 거란을 물리칠 수 있었어요. 그 대가로 몽골은 고려에 해마다 공물을 바치라고 요구하였어요. **몽골은 수차례 고려를 침입하였고, 이때마다 고려는 온 백성이 단합하여 저항하였습니다.**

최씨 정권은 수도를 강화도로 옮겼어요.

몽골의 1차 침입 후 최우는 수도를 강화도로 옮겼어요. 육지에 남은 백성들은 스스로의 힘으로 몽골에 저항하였습니다. 계속된 전쟁으로 피해가 극심해지자 **결국 고려 정부가 몽골의 화해 제안을 받아들여 전쟁은 끝이 날 수 있었어요.**

김윤후가 많은 전투에서 활약했어요.

승려였던 김윤후는 몽골과의 많은 전투에서 활약을 보였어요. 몽골의 2차 침입 때 김윤후는 처인성에서 백성들과 함께 몽골에 맞서 싸웠으며 적장 살리타를 죽였어요. 5차 침입 때 김윤후는 충주성에서 몽골군을 무찔렀지요.

17 삼별초

고려인의 자주 의식

시대 1232년~1273년

타임라인 뉴스

1232 야별초에 대한 기록이 등장하다

1257 좌별초와 우별초에 대한 기록이 등장하다

1270 몽골에 저항하며 반란을 일으키다

1271 여몽 연합군이 진도를 공격해 배중손이 사망하다

1273 여몽 연합군의 제주 공격으로 무너지다

1 인물 초대석

생방송한국사

몽골에 끝까지 맞서 싸운 삼별초

고려 정부는 결국 강화도에서 개경으로 수도를 옮기고 몽골과 강화를 맺었습니다. 하지만 항복을 끝까지 거부하며 나선 이들이 있었으니, 바로 삼별초입니다. 오늘 이 시간에는 삼별초는 왜 몽골에 항복하지 않는지 정부 관계자를 모시고 살펴보겠습니다.

나대신

삼별초는 원래 최씨 정권이 자신의 권력을 유지하고 보호하기 위해 만든 부대였습니다. 삼별초는 처음 야별초에서 시작되었어요. 야별초는 백성들의 난을 막고 도둑을 잡기 위해서 만들어졌어요. 여기서 별초(別抄)란 '특별한 능력을 가진 무사를 뽑은 부대'라는 뜻이지요. 그러다 무신 집권기에 사회가 혼란스러워지자 야별초의 병력이 점점 늘어나게 되었고, 두 개의 부대로 나눠 좌별초, 우별초로 구성되었어요. 그리고 신의군이 여기에 더해져 삼별초라는 이름이 지어졌습니다. 신의군은 몽골과의 싸움에서 포로가 되었다가 탈출한 사람들로 이루어진 부대예요.

삼별초는 비록 최씨 무신 정권의 사병이었지만, 특별히 실력이 뛰어난 사람들만을 골라 뽑았기 때문에 **정규군**보다 군사력이 강했답니다.

> **정규군**
> 한 나라에 소속되어 체계적인 군사 교육 훈련을 받아 이루어진 정규 군대

삼별초의 활약

삼별초는 몽골의 1, 2차 침입 때는 전쟁에 참여하지 못했지만, 3차 침입부터는 전쟁터에 나와 싸웠어요.

삼별초는 강화도에서 벌어진 몽골과의 전투에서도 정규군보다 더 큰 공을 세우게 되었는데, 이렇게 되자 정규군을 대신해 활약하기 시작했어요. 이들은 최씨 무신 정권이 무너진 후에도 개경 환도를 반대하며 몽골과의 전쟁을 계속했답니다.

그런데 삼별초는 왜 항복하지 않고 몽골과의 전투를 계속한 것일까요?

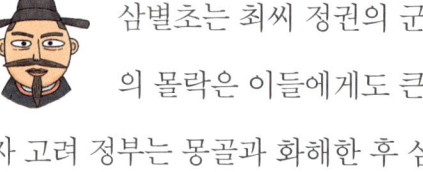

삼별초는 최씨 정권의 군사 기반이었어요. 따라서 최씨 정권의 몰락은 이들에게도 큰 타격이었지요. 무신 정권이 무너지자 고려 정부는 몽골과 화해한 후 삼별초의 해산을 명령했어요. 그리고 몽골과 맞서 싸우는 데 앞장선 삼별초의 명단을 넘기라고 요구했어요. 자칫 삼별초가 모두 죽을지도 모르는 상황이 된 거예요. 그래서 1270년 삼별초는 항복을 거부하며 배중손을 대장으로 삼았습니다. 삼별초의 반란이 시작되었죠.

"몽골을 고려 땅에서 완전히 몰아내고 백성들을 보호하자!"

배중손은 몽골과 싸울 것을 선언했어요. 그러고는 삼별초를 이끌고 남쪽에 위치한 진도로 내려갔어요. 이때 진도로 내려가는 배는 무려 1천 척이 넘었고, 약 2만 명을 태우고 있었다고 해요. 백성들도 섞여 있었는데, 이들은 고려의 지배층이 백성들을 내팽개치고 개경으로 수도를 옮긴 것에 대해 상당한 불만을 가지고 있었어요. 그래서 삼별초와 운명을 함께 하기로 한 것이에요.

삼별초가 진도로 내려간 이유는 무엇입니까?

 당시 육지는 이미 고려와 몽골의 연합군 손안에 든 상태였어요. 이들이 만약 강화도 주변 섬들과 바닷길을 모두 막아버린다면 삼별초는 모두 죽게 될 것이었어요. 그래서 강화도를 포기하고 진도로 내려간 것입니다.

진도는 큰 섬이어서 2만여 명이 충분히 들어갈 수 있고, 섬 전체가 최씨 정권의 농장이어서 식량을 확보하기도 쉬웠어요. 또, 진도 주변의 물길이 험해 적들을 방어하기에도 수월했답니다.

한편, 고려 정부는 삼별초가 진도로 이동하자 크게 당황했어요. 몽골군은 원래 바다 싸움에 약했고, 고려군은 최씨 정권의 사병인 삼별초보다 힘이 약했거든요.

몽골에 맞선 삼별초의 기세는 좀처럼 꺾이지 않았고, 계속 저항하며 고려 조정을 인정하지 않았어요. 그러자 고려는 다시 몽골과 연합해 수만 명의 군대를 거느리고 진도를 공격하였어요.

삼별초는 그동안의 실패를 거울삼아 작전을 세웠고, 화포 같은 신무

▲ 진도 용장산성

▲ 삼별초의 이동과 항쟁

▲ 강화 고려궁지

▲ 제주도 항파두리

기까지 동원했답니다. 이리하여 연합군과 삼별초 사이에 치열한 전쟁이 벌어졌지요. 이때 삼별초는 우두머리 배중손를 잃고, 절반 이상의 군사가 죽거나 부상을 당했어요.

진도에서 벌어진 전쟁으로 심한 타격을 입은 삼별초는 다시 김통정을 지휘관으로 삼아 제주도로 근거지를 옮겼어요. 삼별초는 2년 동안 죽을 힘을 다해 반격을 시도했지만 고려와 몽골 연합군의 대대적인 공격에 결국 무너지고 말았습니다. 제주도는 **해안선**이 너무 길어 얼마 남지 않은 수의 병력으로 방어하기에는 한계가 있었거든요. 이로써 삼별초의 **항쟁**은 3년 만에 완전히 막을 내리게 되었어요.

해안선
바다와 육지가 맞닿은 선

항쟁
맞서 싸움

3년이나 항쟁했다니, 삼별초의 의지가 대단하네요. 그 원동력은 무엇입니까?

사실 삼별초의 항쟁이 일어나는 동안 고려 백성들은 삼별초를 응원했어요. 제주도 백성들은 남녀노소 할 것 없이 삼별초의 항전을 적극적으로 도왔어요. 백성들은 원에게 항복한 고려보다 삼별초 편이었던 것입니다. 또 몽골군이 쉽게 접근할 수 없는 진도와 제주도 같은 섬을 근거지로 삼은 것도 한 몫을 했어요.

백성들의 적극적인 협조와 후원, 그리고 몽골군의 약점을 잘 이용한 덕분이라는 말씀이군요. 이렇게 볼 때 삼별초의 항쟁은 단순한 반란 사건이라기보다 백성들과 함께 자주적인 국가를 세우려 한 노력으로 평가할 수 있겠습니다.

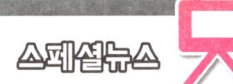 

고려 시대 여인들의 삶에 대해 알아볼까요?

여성도 호주가 될 수 있었어요.
호주는 한 집안을 대표하는 사람이에요. 조선 시대에는 일반적으로 남자(장남)가 호주였지만, 고려 시대에는 여성도 호주가 될 수 있었답니다. 이는 여성도 한 가족을 대표할 수 있다는 것으로, 가족 내 여성의 지위가 비교적 높았던 것을 뜻해요.

재혼이 얼마든지 가능했어요.
조선 시대에 여성들은 재혼을 할 수 없었어요. 반면 고려 시대에는 이혼이 자유로웠고, 여성도 얼마든지 재혼을 해 새로운 가정을 꾸릴 수 있었습니다.

결혼을 할 때 여성의 의견이 많이 반영되었어요.
고려 시대에는 여성도 외출이 자유로웠기 때문에 남녀가 자연스럽게 만날 기회가 많았다고 해요. 서로 호감이 있는 남녀는 만남을 지속하기도 했지요. 그래서 혼인을 할 때 부모님보다 당사자의 의견이 많이 반영되어 여성들은 자신이 원하는 사람을 선택할 수 있었답니다.

딸이 부모님을 봉양했어요.
고려 시대에는 아들보다 딸이 부모를 모시는 경우가 더 많았어요. 이 때문에 딸의 부모는 외손자들까지 모두 자기 자손으로 생각할 수 있었답니다.

여성이 남성을 데리고 사는 풍습이 있었어요.
고려 시대에는 결혼하면 남성이 여성의 집에서 지내는 '처가살이' 풍습이 있었어요. '장가들다'라는 말은 '남자가 신부를 맞아 혼인을 하다.'의 뜻인데, 이것은 남자가 장인 장모가 사는 집 즉, '장가(丈家)'로 들어가서 산다는 뜻이에요.

손변의 재판 이야기

무신 정권 때의 일이에요. 손변이라는 사람이 경상도 관리로 내려간 적이 있었습니다. 이곳에는 몇 년 전부터 어느 남동생이 누나를 상대로 관가에 소송을 벌이고 있었어요. 손변은 두 사람을 불러 어떻게 된 사정인지 물었어요.

남동생은 손변 앞에서 하소연했어요. "아버님이 돌아가실 때, 누나에게만 재산을 몽땅 물려주었고 저에게는 하나도 나누어 주지 않았습니다. 어찌 이런 경우가 있습니까? 저에게도 좀 나누어 주어야 하지 않겠습니까?" 그러자 누나가 말했어요.

"아버지는 재산을 모두 내게 주셨다. 너도 유서를 보지 않았느냐? 네가 받은 것은 검은 옷 하나, 짚신 한 켤레, 모자 하나, 두루마리 종이 뿐이었어."

그러자 손변은 두 사람에게 다시 물었어요.

"너희들은 그때 나이가 각자 몇 살이었느냐? 어머니는 그때 어디에 계셨는고?"

"어머니는 먼저 돌아가셨습니다. 누나는 결혼을 했고, 저는 일곱 살이었습니다."

그러자 손변은 곰곰이 생각한 후에 말했어요.

"자식에 대한 부모의 마음은 아들 딸 할 것 없이 똑같은 것이니라. 어찌 다 큰 딸에게는 후하고 어미 없는 아들에게는 야박하겠느냐? 어미 없는 어린아이가 의지할 곳은 누나뿐인데, 만약 재산을 누나와 똑같이 나눠준다고 생각해 봐라. 누나가 동생을 사랑하는 마음이 덜해지고 잘 챙겨주지 못할 수 있지 않겠느냐? 그래서 너희 아버지는 그런 결정을 내린 것이니라. 아들이 다 크면 자신이 물려준 검은 옷을 입고 짚신을 신고, 모자를 쓰고, 이 종이로 소장을 만들어 관청에 고소할 것이라 예상한 거지. 아버지가 아들에게 이 네 가지 물건만 남겨준 것은 이 때문이니라."

손변의 말을 들은 남매는 깨달은 바가 있어 서로 부둥켜안고 울었답니다.

 고종훈의 한국사 브리핑

인물 핵심 분석 ▶ 삼별초

QR 코드를 찍으면 고종훈 선생님의 강의를 볼 수 있어요.

고려인들의 자주 의식을 보여주다 **삼별초**

시대 ▶ 1232년~1273년
가장 충격적이었던 사건 ▶ 최씨 정권이 몰락하자, 우리를 버리려고 한 것.
가장 힘이 되는 것 ▶ 백성들의 응원
남기고 싶은 한 마디 ▶ 끝까지 몽골과 싸운다!
연관 검색어 ▶ 삼별초, 몽골, 강화도, 진도, 제주도
역사적 중요도 ▶ ★★★★★
시험 출제 빈도 ▶ 높음

관군을 대신해 몽골과 싸우는 데 활약을 하게 됨

삼별초가 끝까지 몽골에 저항했어요.

배중손을 중심으로 근거지를 강화도에서 진도로 옮겨 저항했어요. 진도는 큰 섬이고 조류가 빨라 몽골병의 접근이 어려웠어요. 삼별초를 지지한 백성들도 그들을 따랐지요. 그들은 진도에서 삼 년 가까이 항쟁했어요.

삼별초는 근거지를 옮기며 싸웠어요.

배중손을 중심으로 근거지를 강화도에서 진도로 옮겨 저항했어요. 진도는 큰 섬이고 조류가 빨라 몽골 군사들의 접근이 어려웠어요. 삼별초를 지지한 백성들도 그들을 따랐지요. 그들은 진도에서 삼 년 가까이 항쟁했어요.

고려와 몽골 연합군에게 삼별초가 패하고 말았어요.

진도에서 배중손이 죽자 김통정을 중심으로 삼별초는 제주도로 근거지를 옮겨 저항하였습니다. 삼별초는 제주도에서 끝까지 저항했지만 **결국 고려와 몽골 연합군에 의해 무력으로 진압**되고 말았어요.

타임라인 뉴스

1330 ● 충숙왕의 둘째 아들로 태어나다

1341 ● 원에 들어가 살게 되다

1349 ● 원에서 노국대장공주와 결혼하다

1351 ● 원이 충정왕을 폐위시킨 것을 계기로 왕위에 오르다

1356 ● 기황후 세력을 등에 업고 큰 권력을 누린 기철 일파를 제거하다
쌍성총관부를 공격하다

1358 ● 왜구가 쳐들어오다

1359 ● 홍건적이 쳐들어오다

1361 ● 홍건적이 다시 쳐들어오다

1363 ● 원의 지원을 받은 김용이 공민왕을 시해하려 하다

1365 ● 노국대장공주가 아이를 낳다 죽다
신돈을 관리의 자리에 앉히다

1366 ● 고려 사회를 개혁하기 위한 전민변정도감을 설치하다

1369 ● 정방을 폐지해 왕권을 강화하다

1371 ● 귀족들의 저항이 거세지고 신돈의 권력이 커지자 신돈을 유배 보낸 후 처형하다

1374 ● 고려 개혁을 위해 노력하다 공민왕릉에 잠들다

1 심층 취재

원(元)의 사위가 된 고려의 왕들

이게 웬일입니까? 이제 고려는 원의 허락 없이는 손가락 하나도 까딱하지 못하게 되고 말았습니다. 삼별초의 항쟁이 진압된 후 고려의 왕은 원의 공주와 결혼을 해야 했고, 왕의 이름도 원의 요구에 맞게 지어졌습니다. 어떻게 된 것인지 심층 취재를 통해 알아보겠습니다.

김역사 기자

세계 최강대국 몽골은 수많은 나라를 무릎 꿇게 했지만 고려만큼은 끝내 멸망시킬 수 없었습니다. 그 결과 고려는 독립국으로서의 지위는 유지할 수 있었지만 약 80여 년간 원(元)의 간섭을 받아야 했어요. 원은 몽골이 세운 나라예요. 이 시기 고려의 왕자들은 어려서부터 원에 가서 살다가 원의 공주에게 장가를 들어야 했어요. 원은 고려를 완전히 정복하지 못한 대신에 고려에서 자신의 영향력을 확대하려 한 것이었습니다.

충렬왕은 원의 황실과 처음으로 혼인 관계를 맺은 왕이었는데, 고려로 올 때 원의 풍속에 따라 머리를 **변발**하고, 소매가 짧고 목깃이 올라오게 입은 몽골 옷(호복)을 입었습니다. 심지어 조정의 모든 신하들에게도 변발을 하도록 강요했어요.

충렬왕을 시작으로 고려의 왕자들은 어릴 때부터 원에 머물면서 원의 문화와 풍습을 익혀야 했어요. 장차 고려의 왕이 될 왕자들을 입맛에 맞게 길들이려는 원의 속셈이었죠. 원은 고려 왕에게 충성을 맹세할 것을 강요했고, 그 뜻으로 왕의 이름 앞에 '충성 충(忠)'자를 붙여 충○왕이라고 부르게 했어요. 또 원의 뜻에 맞지 않는다 싶으면 마음대로 고려 왕을 바꾸었어요. 게다가 원 출신의 왕비들의 입김도 셌답니다. 그 결과 고려의 왕들은 자신의 뜻대로 정치를 할 수 없었어요.

원의 사위가 된 충렬왕은 원이 '일본 정벌에 도움을 달라.'고 요구하자 군대를 내주고 **정동행성**'이라는 기구까지 만들었어요. 정동행성은 일본을 정벌하기 위해 배를 만들고 군사를 훈련하는 곳이에요. 하지만 정동행성은 일본 정벌이 실패한 후에도 없어지지 않았어요. 원은 정동행성을 통해 사사건건 고려의 일에 참견했지요.

원은 심지어 고려의 영토를 일부 직접 다스리기도 했어요. 원은 **철령** 북쪽 지역을 지배하기 위해 함경남도에 '쌍성총관부'라는 기구를 설치했고, **자비령** 북쪽 지역을 지배하기 위해 '동녕부'를, 제주도를 지배하기 위해 '탐라총관부'를 설치했어요. 이 기구를 통해 원은 고려를 직접 지배하기도 했어요.

원의 횡포는 여기서 그치지 않고 고려 처녀들까지 **공녀**로 바치도록 요구했어요. 공녀는 원의 왕실이나 귀족 집안의 하녀가 되어 살림 등을 맡아 했고, 더러는 지배층의 아내나 둘째 부인이 되기도 했지요. 원은 점점 더 많은 수의 고려 여인을 요구하였고, 고려는 '결혼도감'이라는 기구까지 만들어 전국에서 처녀들을 모집했어요. 그로 인해 백성들의 불만은 더욱 커져 갔습니다.

변발
옛 몽골의 풍습으로, 앞머리와 옆머리를 깎아 내고 남은 머리를 뒤로 땋아 늘인 것

정동행성
고려 후기 원에 의해 설치된 기구로, '행성'은 원이 자신의 직할지에 통치와 대규모 군사 행동을 목적으로 설치한 기구를 말해요.

철령
함경남도와 강원도 사이에 있는 고개

자비령
오늘날 북한 황해도에 있는 고개

공녀
원의 요구로 여자를 바치던 일. 또는 그 여자

2 인물 초대석

생방송한국사

공민왕, 개혁의 칼을 뽑아 들다

고려의 31대 왕으로 공민왕이 즉위했습니다. 공민왕은 이전의 왕들과 다르게 왕위에 오르자마자 원의 간섭을 물리치기 위한 강력한 개혁 정책을 실시했는데요, 이 개혁은 온 백성들의 전폭적인 지지를 얻고 있습니다. 공민왕을 직접 모시고 그의 생각을 들어 보겠습니다.

공민왕

나는 충숙왕의 아들로 12살 때 원에 가서 교육을 받았소. 그리고 22살에 원의 위왕의 딸 노국대장공주와 결혼했고, 그 후 고려로 돌아와 왕이 되었다오. 원에서 지내는 10여 년 동안 나는 고려를 다시 일으킬 방법은 무엇인지 늘 생각하며 지냈소. 하지만 원의 기세는 좀처럼 수그러들지 않았고, 원의 영향력에서 벗어날 조그만 틈도 보이지 않았소. 그러다 내가 왕위에 오른 14세기 무렵에 원은 잦은 전쟁과 홍건적의 난 때문에 큰 어려움을 겪으며 점점 힘을 잃어갔소.

드디어 기회가 온 거군요! 그럼 그때부터 개혁을 시작하신 건가요?

그렇소. 나는 가장 먼저 고려 사람들이 몽골 풍속에 따라 변발을 하거나 호복을 입는 것을 금지했소. 더 이상 원을 따르지 않겠다

190 공민왕 | 반원 자주 개혁

는 공개 선언이었지. 원은 이런 상황을 두고 심기가 불편했겠지만, 외부의 침입으로 힘이 약해진 상태라 적극적으로 저지하지는 못 했다오.

이 기세를 몰아 나는 **권문세족**의 대표자라 할 수 있는 기철을 제거했다오. 당시 기철은 원의 황후가 된 자기 여동생만 믿고 온갖 횡포를 일삼던 세력가였소. 기철 제거 후, 권문세족들을 중심으로 나를 암살하기 위한 시도와 왕위에서 몰아내려는 반란이 몇 차례 일어나기도 했지만 나는 결코 포기하지 않고 꿋꿋이 개혁을 실행해 나갔소.

또한 나는 고려의 내정을 간섭하던 정동행성을 없애고, 쌍성총관부를 공격하여 동북쪽의 영토를 되찾았소. 이러한 개혁을 승려인 신돈과 함께 추진하였다오.

권문세족
'권문'은 힘 있는 가문, '세족'은 대대로 세력을 떨치는 귀족을 뜻해요. 대체로 원의 세력에 기대어 성장한 사람들을 말해요.

시호
왕과 왕비, 벼슬한 사람이나 학덕이 높은 선비들이 죽은 뒤에 그의 행적에 따라 왕으로부터 받은 이름을 말해요.

그렇군요. 현재 공민왕은 이전 왕들과는 다르게 칭호에 '충'자가 들어가지 않았는데요. 이 부분도 설명 부탁드리겠습니다.

고려는 더 이상 원에 충성을 맹세하지 않겠다는 사실을 알리는 의미에서 왕의 **시호**를 모두 바꾼 것이라오. 나를 비롯해 충렬왕은 '경효', 충선왕은 '선효', 충목왕은 '현효'라고 다시 지었소. 그리고 이 모든 개혁은 노국대장공주의 지지 덕분에 가능했다는 것을 꼭 밝히고 싶소. 그녀는 비록 원의 여인이지만 적극적으로 나를 지지해주었다오. 덕분에 원도 예전처럼 고려를 함부로 대하지 못했다오.

네, 말씀 감사합니다. 원의 간섭에서 벗어나려는 공민왕의 의지가 느껴지는군요. 이상 인물 초대석을 마치겠습니다.

공민왕과 노국대장공주의 러브 스토리

원의 간섭이 심하던 시절에 왕의 자리에 올랐던 충렬왕, 충선왕 등은 무조건 원의 공주와 결혼을 해야 했어요. 그러다보니 대체로 왕비와 사이가 좋지 못했지요. 원의 공주인 왕비들은 원의 입장에서 사사건건 정치에 간섭하며 훼방만 놓기 일쑤였거든요. 하지만 공민왕과 그의 왕비 노국대장공주는 달랐어요.

노국대장공주는 원의 공주였지만 공민왕이 원에 반대하는 정치를 해도 적극적으로 도왔으며, 공민왕에게 불만을 품은 권문세족들이 그를 죽이려 할 때도 보호해 주었어요. 이렇듯 노국대장공주는 공민왕에게 무척이나 헌신적이었어요. 공민왕이 개혁적인 정치를 할 수 있었던 것도 노국대장공주가 있었기에 가능하였지요.

공민왕과 노국대장공주는 무척 금슬 좋은 부부였지만 안타깝게도 둘 사이에는 아이가 없었어요. 그래서 신하들은 후궁을 들여 아이를 낳을 것을 제안했고, 노국대장공주도 하는 수 없이 허락했지요. 하지만 막상 노국대장공주는 남편이 다른 여자와 있는 것을 보자 심한 질투를 느껴 밥도 먹지 않을 정도였어요. 그러던 중 노국대장공주는 어렵게 임신을 하게 되었죠. 결혼한 지 15년 만의 임신이었으니 그 기쁨이 얼마나 컸을지 상상이 되지요?

하지만 기쁨도 잠시, 안타깝게도 노국대장공주는 아이를 낳다 아이와 함께 세상을 떠나고 말았어요. 슬픔을 이기지 못한 공민왕은 몸에 병이 날 정도였지요. 그토록 열정을 보였던 정치도 한동안 하지 않았고, 3년 동안 고기도 먹지 않았어요.

공민왕의 어머니인 명덕 태후는 공민왕의 마음을 위로하기 위해 새 왕비인 익비를 맞이했어요. 하지만 공민왕은 익비를 거들떠보지도 않았어요. 공민왕의 마음 속에는 오직 노국대장공주뿐이었던

▲ 공민왕릉 벽화(위) | 12지 신상, 현릉와 정릉(아래 ⓒwikipedia-David Stanley) | 공민왕의 무덤인 현릉과 노국대장공주의 무덤인 정릉

거예요. 공민왕은 노국대장공주를 너무 그리워한 나머지 노국대장공주의 초상화를 마주하며 식사를 하기도 했어요. 그는 식사를 하며 노국대장공주가 마치 살아 있는 것처럼 말을 건네기도 하였답니다.

공민왕은 노국대장공주의 영혼을 위로하기 위해 절을 짓고, 무덤도 화려하게 지었어요. 이때 공민왕은 노국대장공주의 무덤을 직접 설계했고, 공사 기간은 무려 10년이나 걸렸답니다.

공민왕은 무덤 앞에서 노국대장공주를 그리워하면서 눈물로 밤을 새우다 잠들기도 하였어요.

공민왕은 자신도 죽으면 이곳에 묻어 달라는 말을 남겼어요. 죽어서라도 함께 하고 싶은 공민왕의 바람이었던 거지요.

공민왕과 노국대장공주의 무덤은 오늘날 개성 근교에 자리 잡고 있는데, 고려 왕릉 가운데 유일한 부부 쌍릉이에요. 두 개의 무덤이 나란히 자리 잡아 쌍릉으로 불리지요. 무덤의 벽면에는 공민왕이 직접 그린 벽화가 걸려 있고 두 무덤 사이에는 서로의 영혼이 자유롭게 만날 수 있도록 구멍을 뚫었어요. 이러한 이유로 공민왕 부부의 능은 우리나라 역사상 가장 아름다운 능으로 평가받고 있답니다.

비록 공민왕과 노국대장공주는 원에 의해 의도적으로 맺어진 부부였지만 서로에 대한 사랑과 믿음이 지극하여 오늘날까지도 많은 사람들에게 감동을 전하고 있습니다.

원의 황후가 된 공녀, 기황후

원의 간섭기 동안 고려는 수많은 처녀들을 원에 공녀로 보내야 했어요. 원은 주로 13세에서 16세까지의 처녀들을 바칠 것을 요구했지요. 그러자 이 나이 또래의 딸을 가진 집안에서는 딸이 공녀로 끌려 가는 것을 막기 위해 머리를 깎아 출가시키거나 어린 나이에 혼인시키기도 했어요. 원에 끌려간 공녀들은 대부분 황제·황부(여자 황제의 남편)·황족(황제의 친척)들의 시녀로 들어가 힘겨운 생활을 했어요. 그 가운데 일부는 지배층의 눈에 띄어 아내가 되기도 했습니다.

공녀로 끌려가 가장 높은 지위에 오른 사람은 기자오의 딸이었어요. 기자오의 딸 '기씨'는 처음에는 원의 궁녀로 들어갔어요. 기씨는 복숭아같이 예쁜 볼, 버드나무 같은 호리호리한 몸매 등 미모가 매우 뛰어났다고 해요.

기씨는 아리따운 외모 덕분에 원의 황제인 순제의 눈에 들게 되었어요. 하지만 이 때문에 기씨는 순제의 첫 번째 황후의 질투를 사게 되어 매질을 당하거나 감금되기도 하였습니다. 그러던 중 첫 번째 황후가 정치적인 사건에 휘말려 누명을 쓰고 죽임을 당하게 되자, 순제는 이틈을 타서 기씨를 황후로 삼으려고 했어요. 몇 차례의 반대

 194 공민왕 | 반원 자주 개혁

가 있었지만, 결국 순제는 기씨를 그의 두 번째 아내로 맞아들였어요. 드디어 기씨가 원의 황후가 되었답니다. 이때부터 그녀는 기황후라고 불리게 됩니다. 그리고 다음 대를 이을 황태자까지 낳게 되었지요. 그러자 원에서 기황후의 입지는 더욱 탄탄해졌고, 이때부터 점차 세력을 형성하게 되었습니다.

기황후와 같이 고려 여자들이 원에서 지위가 높아지는 경우가 더러 생기자, 고려에서는 스스로 딸을 원으로 보내고 그 덕으로 출세를 해 보려는 자들까지 생겨났답니다. 하지만 고려의 공녀가 황후가 된다는 것은 아주 특별한 일이었지요.

마침내 기황후는 자신의 아들을 태자로 앉히는 데 성공했고, 이를 발판으로 삼아 권력을 장악하였습니다. 이것은 고려에도 큰 영향을 미쳤어요. 고려에 살고 있던 기황후의 가족들이 기황후의 권력을 믿고 온갖 나쁜 짓을 저지르기 시작했거든요. 그 중 대표적인 사람이 기황후의 오빠인 기철이에요. 기철은 누이동생을 믿고 임금을 넘어서는 권력을 휘둘렀어요. 툭하면 남의 토지를 빼앗고, 자신의 지위를 이용해 고려 조정의 중요한 자리마다 친척이나 가까운 지인들을 앉혔습니다.

기철은 원의 고려 간섭 기구인 정동행성과 쌍성총관부의 일을 맡기도 했는데, 이는 실제적인 권력이 기철에게 있었다는 것을 의미해요. 다시 말해 고려의 정치를 마음대로 할 수 있는 권한을 원으로부터 암묵적으로 넘겨받았다고 할 수 있는 것이죠. 그렇게 기철은 활개를 치며 왕 아닌 왕 노릇을 했답니다.

그러나 공민왕이 즉위하자 사정이 달라졌어요. 공민왕은 원의 간섭에서 벗어나고자 개혁 정치를 펼쳤거든요. 공민왕의 개혁에 위기를 느낀 기철은 왕을 제거하려는 음모를 꾸몄어요. 하지만 공민왕은 기철의 계획을 이미 눈치 채고, 이성계의 아버지 이자춘을 불러 기철 세력과 맞서게 했어요. 그 결과 기철은 죽임을 당하게 되었고 원에 빌붙어 권세를 누리던 세력들도 점점 사라지게 되었답니다.

그렇다면 기황후는 어떻게 되었을까요? 안타깝게도 그녀의 인생 역전은 그리 오래가지 못했어요. 원은 새로 일어난 명에 밀려 쇠퇴하였어요. 기황후의 최후는 정확히 알려진 바가 없지만, 기황후 또한 원과 같은 운명을 맞게 되지 않았을까요?

스페셜뉴스  취재 수첩

고려에서 유행한 몽골의 풍습이 있다고요?

김역사 기자

고려는 수차례에 걸친 몽골의 침략으로 황폐해졌고, 몽골과 화해한 이후에는 몽골의 무리한 공물 요구에 시달렸어요. 하지만 한편으로는 고려와 몽골의 국경이 유명무실해지면서 두 나라는 활발히 교류하게 되었는데요. 이때 고려에 들어온 몽골의 풍습을 '몽골풍'이라 하고, 몽골에 전해진 고려의 풍습을 '고려양'이라고 해요. 그럼 고려에 전해진 몽골풍에는 어떤 것들이 있는지 알아볼까요?

오늘날 우리의 전통 풍습으로 알려져 있는 것 가운데는 몽골풍의 영향을 받은 것이 꽤 많아요. 전통 혼례에서 신부는 족두리를 쓰고 연지 곤지를 찍어요. 족두리는 원래 몽골 여자들이 쓰는 외출용 모자였는데, 고려로 전해지면서 혼례용 모자로 사용되었어요. 또, 이마와 양쪽 볼에 빨갛게 연지 곤지를 찍는 것은 몽골 여자들이 나쁜 귀신을 쫓기 위한 풍습이라고 해요.

언어 표현에도 몽골풍이 남아 있어요. 우리말의 벼슬아치, 갓바치, 장사치 등의 단어에 '치'가 붙는 것은 몽골의 영향을 받은 거예요. '치'는 직업을 나타내는 몽골어의 끝 글자이지요. 매와 말에 관련된 것도 있는데, 얼룩말·노새·보라매·송골매 등도 몽골에서 비롯된 말이지요.

또, 왕과 왕비에게 붙이는 '마마', 세자와 세자비를 가리키는 '마누라', 임금의 음식인 '수라', 궁녀를 뜻하는 '무수리' 등은 주로 원의 궁중에서 쓰이던 이름들로 원 출신 공주들의 영향으로 고려에서 사용되었어요.

몽골어의 자취는 특히 제주도에 가장 많이 남아 있지요. 제주도는 몽골의 지배를 오랫동안 받았기 때문에 특히 제주 방언에서 몽골어를 많이 찾아 볼 수 있다고 해요. 예를 들면 몽골어에서 조랑말은 '조로'라고 하고 얼룩말을 '알락'이라고 해요. 이것이 제주도에서 조랑말이 되었고 얼룩말이 된 것이지요.

이번엔 음식을 살펴볼까요? 오늘날에도 우리가 즐겨 먹는 설렁탕은 농사를 지을 수 없는 몽골 사람들이 양고기를 삶아서 국물을 만들어 먹던 것에서 유래했어요. 또 몽골의 주식인 만두도 고려 시대에 널리 퍼졌어요. 당시 고려는 불교 국가라 고기를 잘 먹지 않았는데, 몽골의 영향을 받아 고기가 든 만두를 먹게 되었답니다. 소주도 몽골의 영향으로 고려에 퍼진 음식이에요.

마지막으로 제주도의 한라산 초지대도 몽골의 영향을 받은 것이에요. 한때 몽골은 일본 정벌을 위해 중국과 일본 사이에 있는 제주도에 탐라총관부를 설치한 적이 있었어요. 그리고 목장으로 운영하기 적당한 한라산 200~600m 지역에 말을 키우게 해서 제주도를 말 공급지로 삼았지요. 그리하여 한라산 중턱에 초지대가 발달하였어요.

▲ 족두리와 연지 곤지

▲ 왕실에서 사용하는 칭호

▲ 설렁탕

▲ 만두, 소주

▲ 한라산 초지대

▼ 두루마기

마찬가지로 고려의 풍속이 원에서 유행하기도 했어요. 이를 '고려양'이라고 해요. 두루마기와 같은 고려의 의복이 원에서 유행하기도 했고, 밀가루를 꿀물에 반죽하여 기름에 튀긴 타래과와 전병 같은 음식이 널리 알려졌답니다.

 고종훈의 한국사 브리핑

인물 핵심 분석 ▶ 공민왕

QR 코드를 찍으면 고종훈 선생님의 강의를 볼 수 있어요.

시대 ▶ 1330년~1374년
재위 기간 ▶ 1351년~1374년
국정 운영 스타일 ▶ 더 이상 원에 매이지 않겠다!
가장 보고싶은 사람 ▶ 노국대장공주
연관 검색어 ▶ 노국대장공주, 원나라, 변발 금지, 공민왕릉, 반원 정책
역사적 중요도 ▶ ★★★★☆
시험 출제 빈도 ▶ 높음

원의 간섭에서 벗어나 공민왕이 개혁 정치를 펼쳤어요.

원은 고려의 정치에 많은 간섭을 했어요. 그러나 **공민왕은 변발, 호복 등 몽골의 풍습을 금지하고 권문세족의 대표인 기철을 제거하였습니다.** 또한 몽골이 정치를 관여하던 정동행성을 없애고 쌍성총관부를 공격하여 영토를 회복했어요.

인물 관계 분석

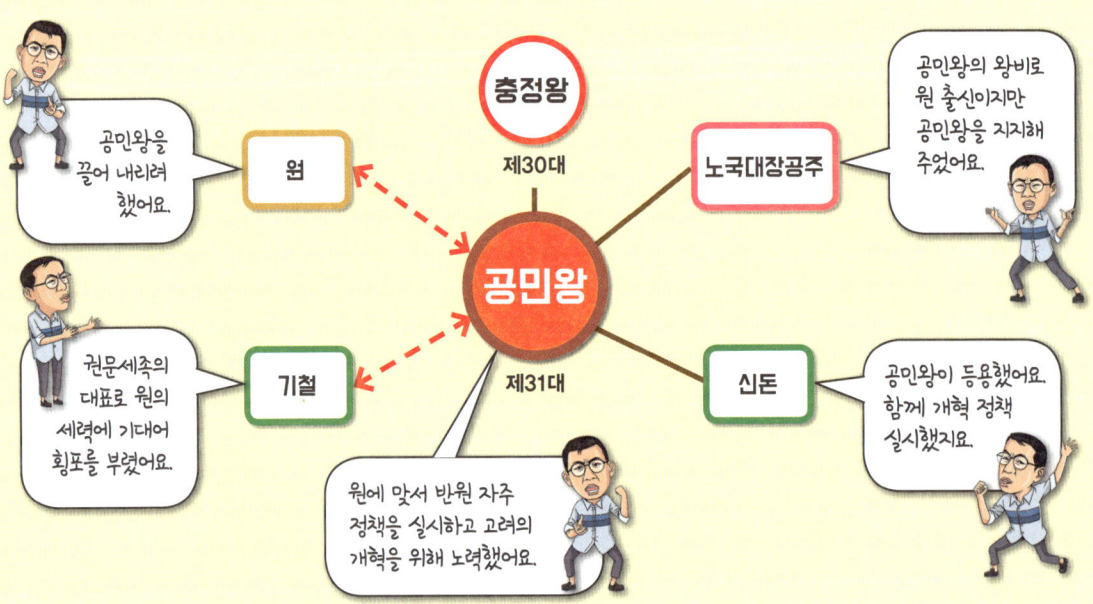

1 헤드라인 뉴스

생방송 한국사

승려 신돈, 공민왕과 만나다

기철 일파를 몰아낸 공민왕이 계속해서 개혁을 시도했지만 여전히 귀족들의 반대로 뜻을 이루기 어려운 상황입니다. 이에 공민왕은 자신을 도와줄 새로운 인물을 찾았다고 하는군요. 바로 승려 신돈입니다. 오늘 뉴스는 신돈과 그의 정책에 대해 알려 드리겠습니다.

사실 앞서 말한 공민왕의 개혁은 시작에 불과했습니다.

김역사 기자

공민왕의 본격적인 개혁은 승려 출신인 신돈과 함께 이루어졌습니다. 공민왕이 10여 년간 줄기차게 원의 간섭에서 벗어나기 위해 노력한 만큼 반대 세력의 위협도 커져 갔어요. 원의 세력에 기대어 성장한 권문세족들은 권력을 유지하기 위해 공민왕을 살해하려는 시도까지 했지요. 공민왕은 급기야 누구도 믿을 수 없다고 생각하게 되었어요.

그러던 중 공민왕은 승려 출신인 신돈을 만나게 되었어요. 이후 공민왕은 신돈을 자주 불러 만났고, 특히 자신보다 더 아꼈던 노국대장공주가 아이를 낳다가 죽자 신돈에게서 큰 위로를 받았어요. 신돈에 대한 믿음이 높아진 공민왕은 신돈을 스승으로 삼고 고려의 개혁을 맡겼어요.

공민왕은 당시 신돈에 대해 "그는 도를 닦아 욕심이 없으며, 신분이 천해 권문세족과 거리가 먼 승려이다. 이 때문에 백성들의 편에 선 정책들을 많이 생각해 낼 수 있을 것이다."라고 하면서 신돈에게 자신의 권한을 나눠 주었어요.

이후 신돈은 공민왕을 대신해 개혁을 시도했는데, 공민왕으로선 이로 인해 두 가지의 효과를 얻을 수 있었답니다. 한 가지는 신돈을 자신의 방패막이로 삼은 덕분에 더 이상 죽음의 위협에 시달리지 않았다는 것이고, 또 한 가지는 신돈이 어떠한 정치 세력과도 인연이 없기 때문에 자신을 대신해 정치에 방해가 되는 세력을 가차 없이 제거할 수 있다는 점이었어요.

신돈과 공민왕이 펼친 개혁의 핵심은 **전민변정도감**의 설치였습니다. 백성들에게 큰 지지를 얻은 전민변정도감은 '토지(전)와 백성(민)의 잘못된 부분을 바로 잡아 주는 기관'이라는 뜻이에요. 당시 권문세족은 힘없는 백성의 땅을 마음대로 빼앗고 그들을 노비로 삼았습니다. 그 결과 권문세족은 하루 종일 걸어도 한 사람의 토지를 다 돌 수 없을 정도로 넓은 땅을 차지했다고 해요. 권문세족이 불법으로 빼앗은 토지를 원래 주인에게 돌려주고, 죄 없이 노비가 된 백성을 원래 신분으로 되돌려주는 역할을 한 기관이 바로 전민변정도감입니다.

혹시 고려 초 광종 때 시행한 '노비안검법'을 기억하십니까? 당시 권력을 차지하였던 호족이 불법적으로 소유하고 있는 노비를 풀어 주는 제도였어요. 노비안검법의 시행으로 **양인**이 점차 늘어나게 되었고, 이들이 낸 세금으로 왕권의 안정을 가져올 수 있었잖아요? 전민변정도감의 시행도 이와 비슷한 결과를 가져왔습니다.

토지와 백성이 제자리를 찾아가니, 세금을 내고 군대에 지원할 백성

전민변정도감
'전민변정'이라는 글자는 밭 전(田), 백성 민(民), 바로잡을 변(辨), 바를 정(正)으로 이루어졌어요. 그리고 '도감'은 관청이라는 뜻입니다.

양인
노비 등의 천민과 대비되는 계층으로, 일반 백성들을 뜻해요.

들도 자연스럽게 늘게 되었어요. 덕분에 왕의 권력은 튼튼해졌고 권문세족들은 설 자리를 잃게 되었답니다. 자유를 찾은 백성들은 신돈을 반기며 '성인이 나셨다!'고 했을 정도이니, 백성들이 얼마나 기뻐했는지 헤아릴 수 있을 거예요.

사실 전민변정도감은 공민왕보다 신돈의 개혁이라는 말도 있는데요. 개혁을 구체적으로 계획한 것은 신돈이었지만 공민왕의 동의와 허락 없이는 이루어질 수 없는 일이었습니다. 그러니 둘의 합작품이라 할 수 있는 것이지요.

그러나 신돈의 권력이 점점 커지자 권문세족의 반발이 거세어졌고, 공민왕 또한 달갑지 않았지요. 게다가 나라 밖으로는 북쪽에서 홍건적이 고려까지 쳐들어왔고 남쪽에서는 왜구가 쳐들어와 혼란스러운 상황이었지요. 결국 신돈은 반역죄로 처형당했고 얼마 뒤에는 공민왕도 **시해**당하여 개혁은 흐지부지 끝나고 말았어요.

개혁에 대한 백성들의 기대가 컸을 텐데, 참 아쉽습니다. 이상 뉴스를 마칩니다.

시해
부모나 임금을 죽임

신돈, 공민왕에게 버림받은 까닭은?

고려 후기 백성들은 지배층에게 강제로 땅을 빼앗기거나 노비가 되었고, 자식을 기르지 못해 어쩔 수 없이 남에게 맡기는 일이 허다했어요. 신돈은 전국을 떠돌며 이러한 백성의 생활을 직접 보고 겪었습니다. 그는 백성들을 고통에서 해방시키는 일이 무엇보다 중요하다고 생각했어요.

그러던 중에 신돈은 공민왕의 부름을 받게 되었고, 공민왕의 절대적인 지지를 바탕으로 백성들을 위한 정치를 펼쳤어요. 하지만 시간이 지날수록 자신의 힘이 강해지자, 개혁보다는 자신의 안위를 우선시하게 되었지요. 심지어 술과 여자에 빠져 많은 첩을 거느리기도 하는 등 도저히 눈감아 줄 수 없을 정도로 타락하고 말았어요. 게다가 신돈은 몹시 건방져졌어요. 공민왕이 선왕의 능에 찾아가 뵐 때 관리들이 모두 왕을 따라 무릎을 꿇고 절을 해도 신돈만은 홀로 우뚝 서 있었다고 해요.

그러자 평소 그를 못마땅하게 여겼던 권문세족들은 공민왕에게 신돈을 멀리할 것을 간청하였어요. 하지만 이 무렵까지만 해도 공민왕과 신돈은 서로 믿고 의지하는 사이였기 때문에 받아들여지지 않았지요.

권문세족의 반발이 거세지자 신돈은 급기야 도읍을 옮기자고 주장했어요. 이처럼 신돈의 야망이 점점 커지자 공민왕도 생각이 바뀌어 신돈을 차츰 멀리하게 되었어요. 때마침 신돈의 비리도 하나씩 밝혀지던 참이었지요. 결국 공민왕은 신돈에게 역모를 꾀한다는 죄를 뒤집어씌워 수원에 유배시켰다가 죽였습니다.

고종훈의 한국사 브리핑

인물 핵심 분석 ▶ 신돈

QR 코드를 찍으면 고종훈 선생님의 강의를 볼 수 있어요.

시대 ▶ ?~1371년
가장 행복했던 순간 ▶ 백성들이 땅을 되찾고 좋아할 때
남기고 싶은 한 마디 ▶ 공민왕 어떻게 나에게 이럴 수가…
연관 검색어 ▶ 공민왕, 고려 승려, 전민변정도감
역사적 중요도 ▶ ★★★☆☆
시험 출제 빈도 ▶ 보통

공민왕과 신돈이 힘을 합쳐 개혁을 추진했어요.

공민왕의 개혁 정치는 권문세족의 저항에 부딪혔어요. 하지만 공민왕은 권문세족과 전혀 관계없는 승려 신돈을 등용하여 개혁 정책을 추진하였습니다.

전민변정도감을 설치해 백성들의 환영을 받았어요.

신돈과 공민왕의 합작품으로 전민변정도감이 설치되었어요. **전민변정도감은 권문세족이 빼앗은 토지를 원래 주인에게 돌려주고, 억울하게 노비가 된 백성을 원래 신분으로 되돌려주는 역할을 하였습니다.** 전민변정도감의 설치는 고려 백성의 환영을 받았어요.

신돈은 비참한 최후를 맞고 말았어요.

신돈은 권력이 점점 커지자 권력을 마구 휘둘렀고 사치와 향락에 빠졌어요. 신돈의 지나친 성장에 공민왕도 긴장을 하게 되었습니다. **결국 공민왕은 신돈에게 역모의 죄를 뒤집어 씌우고 죽였어요.**

1 헤드라인 뉴스

생방송한국사

신진 사대부, 지배층에 도전하다

고려 사회에 변화의 바람이 불기 시작했습니다. 이러한 변화의 주역은 바로 신진 사대부들인데요. 이들은 고려를 새롭게 바꿔 보겠다는 의지로 똘똘 뭉쳐있다고 합니다. 오늘 뉴스에서는 신진 사대부를 자세히 파헤쳐 보겠습니다.

> 고려 후기에 신진 사대부가 새로운 정치 세력으로 등장하였습니다.

김역사 기자

'신진'은 새롭게 나아간다는 뜻이고 사대부의 '사'는 학자, '대부'는 나랏일을 하는 관리를 말하지요. '사대부'는 유교적 교양을 갖추고 과거 시험을 통해 관리가 되었거나 관리가 될 사람들을 의미해요. 신진 사대부가 등장할 당시 고려의 상황은 최악으로 치닫고 있었어요. 원의 간섭과 권문세족의 횡포로 백성들의 고통은 이루 다 말할 수 없었죠. 지배층인 권문세족은 원에 빌붙어 재산을 불리고 권력을 유지하기에만 바빴어요. 이렇듯 나라가 어지러울 때 지배층에 도전하는 새로운 세력인 신진 사대부가 나타난 것이지요.

신진 사대부는 공민왕이 개혁 정치를 추진하는 과정에서 세력을 키울 수 있었어요. 앞서 말했듯 공민왕은 나라를 갉아먹는 권문세족들을 억누르고 원의 간섭에서 벗어나고자 했어요. 이때 자신을 지지해 줄 세력

시기	전기		후기		
	초기 (918~1018)	중기 (1018~1170)	무신 집권기 (1170~1270)	원 간섭기 (1270~1351)	말기 (1351~1392)
구분	체제 정비기	문벌 귀족 시대	혼란기	자주성 상실기	개혁·보수 갈등기
지배 세력	호족	문벌 귀족	무신	권문세족	신진 사대부
주요 사건	최승로의 시무 28조	이자겸의 난, 묘청의 난	무신 정변, 하층민의 봉기	성리학 도입	전민변정도감 설치

▲ 고려 시대 지배 세력의 변천

으로 신진 사대부를 선택한 것이지요.

신진 사대부들은 도덕 정치를 강조하는 성리학이야말로 고려의 부패한 정치를 바꿀 수 있다고 생각했어요. 그들은 원에서 공부하고 돌아온 이색에게 성리학을 배웠어요. 정몽주도 그중 한 명이었죠. 이색의 가르침을 받은 제자들은 '백성을 가장 먼저 생각하는 바른 정치를 해야 한다.'는 데 뜻을 두고 성리학을 통해 고려를 일으켜 세우고자 하였어요. 특히 정몽주는 힘없는 백성들을 보살펴 주고 지방에 향교를 세우는 등 교육에 힘썼어요. 그는 가장 가까운 벗인 정도전과 함께 늘 백성을 위하는 방법이 무엇인지를 고민했어요.

신진 사대부들이 이룬 개혁으로 가장 칭찬할 만한 것은 토지 제도를 바로잡은 일이었어요. 이 일에 가장 적극적인 자가 바로 정도전이었지요.

고려에서는 관리들에게 농사짓는 땅에서 세금을 걷을 수 있는 권리를 주었는데, 관리가 죽거나 관직에서 물러나도 그 권리가 계속되었어요. 농사짓는 땅은 정해져 있는데 새로 관리가 되는 사람이 늘어나니 이미 세금을 걷는 땅에서 또 세금을 걷을 수밖에 없었어요. 결국 한 농토

토지 제도 개혁

신진 사대부는 이전의 토지 제도인 전시과를 개혁해 과전법을 만들었어요. 전시과는 모든 토지를 대상으로 삼아 관리들에게 세금을 거둘 수 있는 권리를 주었지만, 과전법은 경기도의 토지로 제한했어요.

에서 세금을 거두는 사람이 점점 늘어나게 되었지요. 그래서 백성들은 세금을 몇 번씩이나 내야 했어요. 이러한 문제를 해결하고자 정도전을 비롯한 신진 사대부들은 권문세족이 차지한 토지를 몰수하여 세금을 걷을 수 있는 권리를 다시 분배하였어요. 하지만 권문세족을 비롯한 고려 지배층은 이에 반대했어요. 지금까지 수확량의 절반 이상을 빼앗아가던 권문세족에게는 달갑지 않은 개혁이었거든요.

그럼에도 불구하고 정도전의 토지 개혁은 성공을 거두었습니다. 정도전은 토지 개혁에 반대하는 귀족을 귀양 보내기도 하고, 이전의 토지 문서를 불살라 버리기까지 했지요. 이렇게 해서 정도전은 그동안 권문세족들이 부당하게 착취한 토지를 거두어들였고, 이를 다시 백성들에게 나누어 주었어요.

토지 개혁 이후 신진 사대부 세력에서도 변화가 있었어요. 고려의 문제를 급진적인 방법으로 해결하려는 무리와 온건한 방법으로 해결하려는 무리로 나뉜 것이에요. 정도전은 급진파를 대표했고, 정몽주는 온건파를 대표했습니다. 정몽주는 백성의 마음을 헤아리며 천천히 차례대로 개혁해야 한다고 생각했고, 정도전은 썩은 사회를 한꺼번에 뿌리째 뽑지 않으면 제대로 된 개혁이 이루어질 수 없다고 생각했거든요. 이때부터 정도전과 정몽주의 사이는 점점 멀어지기 시작했어요.

이렇게 갈라선 신진 사대부들은 앞으로 고려를 위해 각기 어떤 활약을 펼치게 될까요? 매우 기대가 됩니다. 이상 뉴스를 마치겠습니다.

2 인물 초대석

생방송 한국사

새로운 학문, 성리학이 뜨다

원 간섭기를 거치며 매우 혼란스러운 가운데 젊은 학자들 사이에서는 고려의 썩은 정치를 바꿀 새로운 학문으로 성리학이 유행하였습니다. 이 분야의 전문가이자, 정몽주와 정도전의 선생님으로 잘 알려진 이색 님을 모시고 자세한 이야기 나눠 보겠습니다.

이색

안녕하십니까. 이색이라고 합니다. 저는 젊은 시절을 원에서 보냈고 그곳에서 **성리학**을 공부했어요. 그리고 고려에 돌아와서는 우리나라 최고의 교육 기관인 성균관에서 제자를 가르치며, 성리학을 널리 퍼뜨렸죠.

14세기 중반, 제가 귀국할 무렵 고려는 불교계의 각종 비리가 판을 치고 있었어요. 당시 절은 엄청난 재산을 소유하면서도 세금 한 푼 내지 않았어요. 그러면서도 왕실이나 권문세족의 무사태평을 빌어 준다는 구실로 온갖 혜택을 받았지요. 그러니 백성들만 나라의 부족한 세금을 내느라 등골이 휠 지경이었던 거죠.

저는 이러한 현실을 마냥 지켜볼 수만은 없었습니다. 그래서 성리학을 널리 알려야 한다고 생각했어요. 성리학은 혼란한 고려 말의 상황을

성리학
중국 송 때부터 시작된 학문으로, 인간의 마음과 우주의 원리에 대해 연구하였어요. "사람은 본래 선한가, 악한가?", "우주 만물은 어떻게 만들어졌는가?"와 같은 질문에 대한 답을 연구했지요.

해결하기 위해 가장 필요한 학문이라고 생각했거든요.

어째서 성리학이 고려 말의 혼란한 상황을 해결할 열쇠라고 생각하셨나요?

성리학은 도덕 정치를 강조했기 때문이죠. 도덕 정치란 '도덕을 엄격히 지키며 바르게 정치하는 것'을 뜻한답니다. 그러니 성리학을 바탕으로 부패한 고려의 상황을 개선할 수 있다고 본 것이죠.

성리학이 어떻게 고려를 변화시킬 수 있는지 자세히 설명해 주시겠습니까?

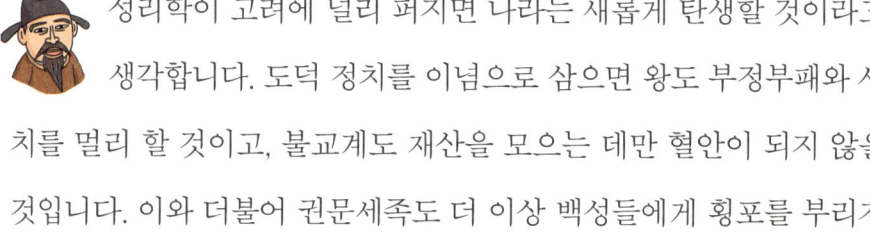
성리학이 고려에 널리 퍼지면 나라는 새롭게 탄생할 것이라고 생각합니다. 도덕 정치를 이념으로 삼으면 왕도 부정부패와 사치를 멀리 할 것이고, 불교계도 재산을 모으는 데만 혈안이 되지 않을 것입니다. 이와 더불어 권문세족도 더 이상 백성들에게 횡포를 부리지 않을 테지요. 이렇게 되면 백성들은 자연히 이중 삼중의 고통에서 해방될 것이고, 나라도 다시 부강해질 것입니다.

이제야 이해가 가는군요. 그렇다면 성리학을 널리 퍼뜨리기 위해 어떤 노력을 하셨나요?

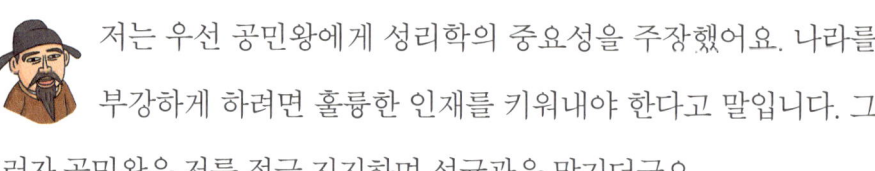
저는 우선 공민왕에게 성리학의 중요성을 주장했어요. 나라를 부강하게 하려면 훌륭한 인재를 키워내야 한다고 말입니다. 그러자 공민왕은 저를 적극 지지하며 성균관을 맡기더군요.

사실 당시 성균관은 사학에 밀려 학생 수도 많이 줄었고, 배우는 장소도 누추했습니다. 그러나 제가 누굽니까? 저는 성균관을 맡으면서 대대적인 공사를 했고, 실력이 뛰어난 선생들을 직접 모셔오기까지 했어요.

그러자 젊은이들이 하나 둘 성균관으로 다시 모여들었습니다. 학생들은 점점 늘어났고, 저는 이들과 매일 **명륜당**에서 토론하며 성리학을 공부했습니다. 제 자랑처럼 들리시겠지만 고려 말의 개혁파 선비들은 대부분 저의 제자라고 할 수 있지요. 그 유명한 정몽주와 정도전도 제 문하생이랍니다. 하하하.

원래 이 자리에는 국자감이 있었어요. 하지만 고려 말 성리학이 들어오면서 성균관으로 이름이 바뀌었죠.

이색 선생님 덕분에 성리학의 보급이 성공적으로 이루어졌다고 할 수 있겠네요. 그럼 성리학을 고려에 처음 들여온 분은 누구십니까?

 성리학을 처음 고려에 들여온 분은 안향입니다. 안향은 1288년에 충렬왕을 따라 원에 갔는데, 그곳에서 주자(주희)의 영향을 받아 성리학을 연구하기 시작했지요. 주자는 성리학을 **집대성**해 중국에 큰 영향을 미친 유학자입니다. 안향은 고려 성리학의 **선구자**로서, 그의 노력으로 성리학의 핵심을 담은 **사서**(四書)가 고려의 과거 시험 과목으로 채택되기도 했답니다. 이 자리를 빌려 감사드리고 싶네요.

네, 오늘 말씀 잘 들었습니다. 성리학이 고려 말의 혼란을 해결하는 데 큰 역할을 하기를 바랍니다. 이것으로 인물 초대석을 마치겠습니다.

명륜당
학생들이 모여서 공부하던 강당

집대성
여러 가지를 모아 하나의 체계를 이루어 완성함

선구자
어떤 일이나 사상에서 다른 사람보다 앞선 사람

사서
유교 경전인 『논어』, 『맹자』, 『중용』, 『대학』을 통틀어 이르는 말입니다.

스페셜뉴스 10분 토론

고려 개혁, 어떻게 할 것인가?

한때 정몽주와 정도전은 신진 사대부로서 뜻을 같이했던 절친한 사이였습니다. 하지만 개혁의 방법에 있어 다소 의견을 달리하다가 결국 사이가 멀어져 서로 다른 길을 가게 되었습니다. 오늘 10분 토론 시간에는 급진 개혁파와 온건 개혁파로 대표되는 두 분을 모시고 각자의 입장을 들어 보는 시간을 가지겠습니다. 먼저 정몽주 선생님부터 말씀해 주시죠.

정몽주: 이보게 정도전, 나 역시 자네와 마찬가지로 고려는 마땅히 개혁을 이루어야 한다고 생각하네. 하지만 세상의 모든 일은 차례와 때가 있는 법이지 않나? 무슨 일이든 급하게 이루려고 하면 오히려 탈이 나게 마련이야. 차근차근 하나씩 바꿔 나가는 게 옳지 않을까 생각하는데. 어떤가, 내 생각에 동의하나?

정도전: 무슨 소리! 세상이 변하는 건 하루아침에도 가능한 일입니다. 고려 사회에는 그동안 말도 안 되는 방법으로 재산을 불려 나간 사람들이 얼마나 많았습니까? 이 사람들을 그냥 두고 보자는 뜻입니까? 그러면 아무 죄 없이 착취만 당한 불쌍한 백성들은 무슨 수로 보상을 해 줄 것입니까? 대답해 보십시오.

정몽주: 흥분 좀 가라앉히게. 물론 자네 주장도 어느 정도 일리가 있네. 하지만 우리가 해야 할 일은 백성을 구하는 일이네. 만약 하루아침에 새로운 세상을 세운다면 백성들과 나라는 혼란에 빠질 걸세. 고려의 왕을 잘 보필하면서 우리의 계획을 차근차근 실행에 옮기는 것이 더 좋은 방법이라고 생각하네.

시청자 의견 ▶ [@육룡이] 앞이 보이지 않으면 새롭게 시작하는 것도 나쁘지 않지~ ▶ [@나르샤] 급히 먹는 밥이

정도전: 허허! 선생같이 곱게 자란 사람이 뭘 아시겠습니까? 저는 오랜 세월 유배 생활을 했습니다. 이때 가난하고 힘이 없어 고통 받는 백성들을 많이 보았지요. 이들을 힘들게 만든 사람들은 바로 이 나라의 지배층인 권문세족들입니다! 내 장담하건대 권문세족이 고려에 계속 자리 잡고 있는 한 진정한 개혁은 이루지 못할 겁니다. 그러니 이 세력들을 모두 뿌리 뽑고 새로운 세상을 만들어야 한다는 말입니다!

정몽주: 권문세족도 엄밀히 말하면 고려의 백성이라네. 자네 어찌 그렇게 과격한 말씀을 하시나? 인간은 모름지기 의리와 예를 지키며 살아야 하는 것이야. 공자님도 지나침은 모자란 것만 못하다는 말을 하셨지. 뭐든 적절한 조화를 이루며 일을 진행하는 것이 순리 아니겠나?

정도전: 아직 현실을 모르시는군요. 더 나은 개혁을 위해서는 다소 과감한 행동도 필요한 법이지요. 지금 선생같이 지지부진한 개혁 정신으로 고려는 절대 바뀔 수 없다고 생각합니다. 지금 백성들은 그 어느 때보다 힘든 시기를 보내고 있어요. 과격한 방법을 써서라도 이번 기회에 반드시 바로잡아야 합니다!

정몽주: 정도전 자네, 조금만 더 생각해봐. 성리학을 바탕으로 삼아 나라의 기강을 바로잡는다면 고려는 다시 일어날 것이야. 우리에겐 그럴 만한 힘이 있다네. 차근차근 하나씩 바꿔야 한다는 내 생각은 누가 뭐라 해도 변하지 않을 것이네.

네. 한때는 벗이었지만, 정치적 의견 차이로 등을 돌리게 된 정몽주와 정도전의 토론을 들어봤습니다. 고려의 전통 질서를 유지하면서 개혁을 추진하자고 주장한 정몽주. 반면 새로운 왕조를 수립해야 한다고 주장한 정도전. 여러분은 누구의 주장이 옳다고 생각하시나요?

체한다고! 뭐든 차근차근! ▶ [@정도전 만세] 백성을 위하는 마음만은 최고인 정도전을 응원합니다!

고종훈의 한국사 브리핑

인물 핵심 분석 ▶ 정몽주

QR 코드를 찍으면 고종훈 선생님의 강의를 볼 수 있어요.

고려 후기 신진사대부의 대표 — 정몽주

- **시대** ▶ 1337년~1392년
- **나를 표현하는 단어** ▶ 신진 사대부
- **내가 제일 좋아하는 것** ▶ 성리학
- **가장 존경하는 사람** ▶ 이색
- **남기고 싶은 한 마디** ▶ 무슨 개혁이든 고려 안에서…
- **연관 검색어** ▶ 고려개혁, 성리학, 온건파
- **역사적 중요도** ▶ ★★★★☆
- **시험 출제 빈도** ▶ 높음

신진 사대부가 등장하였어요.

신진 사대부는 공민왕의 개혁 과정에서 성장하였습니다. 주로 성리학을 받아들인 사람들이었지요. **신진 사대부는 온건파와 급진파로 나뉘는데 정몽주 등 온건파는 고려 왕조를 유지한 채 개혁을 주장하였고, 정도전 등 급진파는 새로운 왕조를 세울 것을 주장하였습니다.**

인물 관계 분석

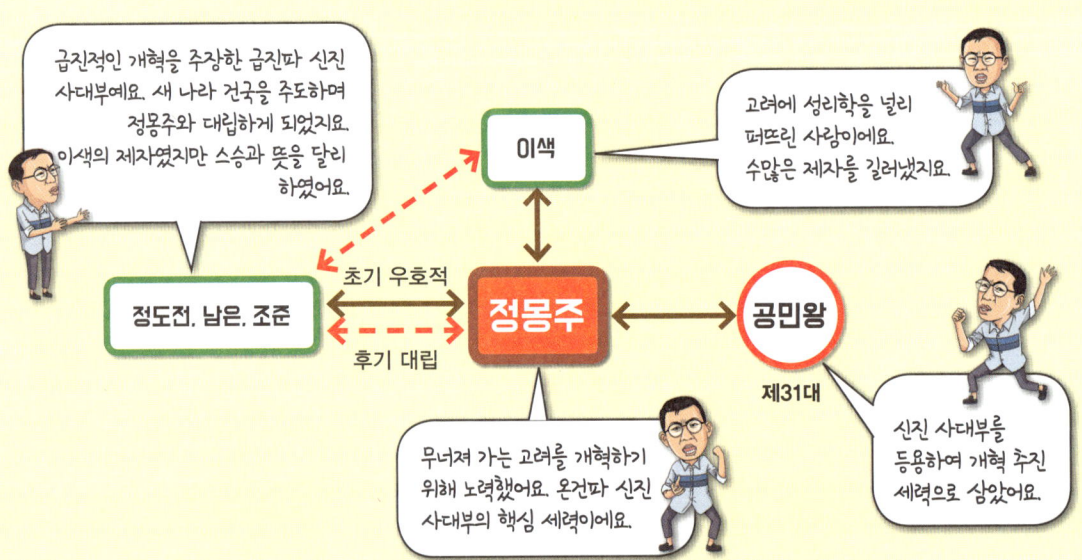

급진적인 개혁을 주장한 급진파 신진 사대부예요. 새 나라 건국을 주도하며 정몽주와 대립하게 되었지요. 이색의 제자였지만 스승과 뜻을 달리하였어요.

고려에 성리학을 널리 퍼뜨린 사람이에요. 수많은 제자를 길러냈지요.

이색 ↔ 정몽주
정도전, 남은, 조준 ← 초기 우호적 / 후기 대립 → 정몽주 ↔ 공민왕 (제31대)

무너져 가는 고려를 개혁하기 위해 노력했어요. 온건파 신진 사대부의 핵심 세력이에요.

신진 사대부를 등용하여 개혁 추진 세력으로 삼았어요.

1 심층 취재

생방송한국사

홍건적과 왜구를 물리친 최영

왜구의 침입으로 고려의 사정은 지금 말도 못할 지경입니다. 왜구들은 해안 지방을 시작으로 내륙까지 쳐들어와 약탈을 일삼고 있는데요. 이때 고군분투하며 고려를 지켜낸 인물이 바로 최영 장군입니다. 오늘은 최영 장군과 그의 업적에 대해 알아보겠습니다.

왜구 침입으로 온 나라가 전쟁통인데요. 다행히 최영 장군의 승전보가 들려왔습니다.

김역사 기자

최영은 고려 말의 대표적인 장군으로, 사람들은 최영을 가리켜 뼛속까지 장군이라고 했습니다.

어린 시절 최영은 전쟁놀이를 할 때마다 왜구를 쳐부수는 상상을 했어요. 일본의 해적인 왜구는 배를 타고 고려로 건너와 식량을 빼앗고 사람들을 마구 죽이기도 했거든요. 그때부터 그는 '용감한 장수가 되어 내 손으로 꼭 왜구를 무찌르고 말겠다.'고 다짐했지요. 최영은 마침내 바람대로 장군이 되어 나라와 백성을 위해 목숨을 아끼지 않았어요. 전쟁터에서는 절대 물러나지 않았고, 임금을 도와 좋은 정치를 하고자 했지요.

최영은 '황금 보기를 돌같이 하라.'는 아버지의 유언을 받들어 평생 정직하게 살려고 노력했어요. 이 말은 이 세상에 내 것이 아닌 것들은 절대 탐내지 말고, 돌같이 보라는 뜻이지요. 그리하여 최영은 권력을 욕심

내거나 사람을 모아 자기 세력을 키우는 일에는 전혀 관심을 두지 않았어요.

최영 장군이 활약했던 고려 말에는 **홍건적**과 **왜구**가 고려를 자주 침략했어요. 최영은 홍건적과 왜구를 물리치는 데 큰 역할을 하며 이름을 알렸답니다. 홍건적은 원의 지배에 불만을 품고 반란을 일으킨 집단이에요. 이들은 원의 곳곳에서 전투를 벌였는데, 그들 가운데 한 무리가 원의 공격을 받고 고려로 쫓겨 와서는 백성들을 **노략질**했던 거예요.

홍건적은 두 번에 걸쳐 고려를 침입했는데, 첫 번째 침입은 **이방실** 장군이 물리쳤어요. 그러자 홍건적은 10만 군사를 이끌고 고려에 다시 쳐들어 왔어요. 고려는 개경까지 뺏기고, 공민왕은 복주(현재의 안동)로 피란을 갔지요. 이때 최영 장군이 군사를 모아 빼앗긴 개경을 되찾고, 홍건적을 물리쳤어요.

사실 그 당시 최영은 최고 지휘관은 아니었지만, 홍건적을 물리치는 데 많은 공을 세웠다는 것은 모두가 인정했답니다.

최영 장군은 왜구의 침입을 막아 내는 데 있어서도 크게 활약했어요. 왜구는 신라 시대부터 우리나라를 침입했는데, 고려 말에 이르러서는 왜구의 침입이 부쩍 심해져 그 피해가 컸어요. 왜구는 고려 말인 1350년부터 1391년까지 총 506회, 1년 평균 12회 이상 고려를 침입했어요. 1377년에는 무려 52회 이상 쳐들어 와서 백성들을 괴롭혔지요. 1년이 보통 52주니까 일주일에 한 번씩 침입한 셈이에요. 정말 제집 드나들듯 드나든 것이지요.

초기에 왜구는 주로 해안 지방을 중심으로 우리나라의 세금 저장 창

홍건적
홍건적은 한족의 농민 반란군으로 머리에 빨간 수건을 둘렀다고 해서 붙여진 이름이에요.

왜구
13~16세기까지 우리나라를 노략질하던 일본 해적

노략질
떼를 지어 돌아다니며 사람을 해치거나 재물을 강제로 빼앗는 짓

이방실
고려 시대의 무신으로 황해도 지역에서 홍건적을 물리쳤어요.

고와 세금 운반선을 약탈했어요. 그러다가 차츰 세력이 늘어나면서 내륙으로 들어와 사람을 죽이고 식량을 빼앗더니 급기야는 개경까지 위협하며 온갖 나쁜 짓을 저질렀습니다. 이들은 재물을 빼앗는 것으로도 모자라 고려의 백성들까지 잡아다 팔아넘겼어요. 정말 참혹한 현실이지 않습니까?

그런데 왜구는 왜 이토록 고려에 자주 침입하였을까요?

당시 일본은 남북으로 갈려 분열된 시기였지요. 이 때문에 일본 내부에서는 전쟁이 자주 일어나 백성들의 삶이 고달파졌어요. 이에 일부 백성들이 밖으로 눈을 돌리게 되었는데, 그 결과 해적들이 생겨나 일본에서 가까운 고려를 침략한 것입니다. 그리고 또 한 가지 이유는 고려의 군사력이 약했기 때문이라고 할 수 있어요. 고려는 그동안 원의 간섭을 받으면서 병력을 기르기가 어려운 상황이었거든요. 그러니 왜구들의 눈에는 고려가 쉬운 먹잇감으로 보였던 거지요.

이러한 이유로 인해 고려는 왜구의 잦은 침입을 받게 되었고, 고려의 백성들은 갖은 고통을 겪어야 했어요.

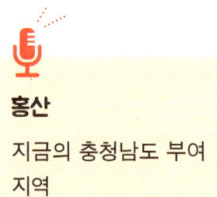

홍산
지금의 충청남도 부여 지역

최영 장군은 왜구와 수많은 전투를 치렀지만, **홍산**에서 치른 전투가 가장 대표적이지요. 1376년 7월, 왜구가 내륙 지방까지 쳐들어와 공주 지역이 함락되고, 그 구역을 지휘하던 장수마저 죽임을 당하였어요. 당시 최영 장군은 61세의 노장이었지만, 나라와 백성을 구해야 한다는 일념 하나로 전쟁터에 나섰어요.

그런데 이곳은 3면이 모두 절벽이고 길 하나만이 통하는 곳이어서 젊은 장수들조차 겁을 먹어 앞으로 나서지 못하고 있었어요. 그때 최영 장군은 최고 지휘관이 먼저 모범을 보여야겠다고 생각하고는 앞장서서 적진을 향해 달렸어요. 그때 숲속에 숨어 있던 왜구가 쏜 화살에 최영 장군은 입술을 맞았지만 아랑곳하지 않고 자신에게 화살을 쏜 적을 쓰러뜨린 다음 화살을 뽑아내고 다시 싸웠어요. 이런 최영 장군의 모습에 감격한 고려의 장수들은 최영 장군을 따라 용감히 싸워 왜구들을 물리쳤습니다. 이 전투를 홍산 대첩이라 부르지요. 이때의 공을 인정받아 최영 장군은 왕의 **신임**을 얻었고, 공민왕과 함께 개혁 정치를 추진하게 되었습니다.

▲ 홍건적과 왜구의 격퇴

지금까지 한평생 나라와 백성을 위해 목숨을 아끼지 않았던 최영 장군님에 대해 알아봤습니다. 최영 장군님은 훌륭한 장수이기도 하지만 왕과 함께 고려 말의 혼란을 바로잡기 위해 노력했던 충신이라고도 할 수 있겠습니다. 이로써 심층 취재를 마치겠습니다.

신임
믿고 일을 맡김

영원한 라이벌, 이성계 VS 최영

한때 나의 절친한 벗이었던 이성계에게

이성계 자네, 잘 지내고 있나? 오늘은 유독 자네 생각이 많이 나서 이렇게 편지를 쓰네. 지금은 비록 이렇게 멀어졌지만, 한때는 서로 의지하면서 사이좋게 지냈던 적이 있었더랬지. 나라 안팎으로 힘들었던 고려 말의 위기 상황을 함께 헤쳐 나가며 우정을 쌓던 시절이 떠오르는군.

자네는 나보다 19살이나 어렸지만 전쟁터에서 공을 많이 세워 나와 서열 1, 2위를 놓고 다투기도 했지. 그때 왜구와 홍건적을 무찌르던 자네 모습이 눈에 선하네. 자네는 전쟁터에 나가서는 절대 물러남이 없었고, 부하들의 사기를 높이기 위해 솔선수범하였지. 우린 환상의 명콤비였어. 우리를 영웅이라 부르며 환호하던 사람들이 아직도 생생하게 떠오르는군.

그때까지만 해도 우리가 이렇게 엇갈릴 줄은 꿈에도 몰랐네 그려. 명에 대한 입장 차이만큼 우리 사이도 멀어졌지. 자네는 내 생각에 반대하며 불같이 화를 냈지만 사실 난 아직도 내 생각이 옳다고 생각하네.

제아무리 명이 몽골을 몰아내고 세운 왕조라고 하지만, 과거 원의 소유였다며 철령 이북의 땅을 내놓으라니 말이 되는 소린가? 지금 생각해도 피가 거꾸로 솟는군. 그런데 자네는 전쟁을 치러서는 절대 안 된다고 주장했어. 결국 자네의 주장대로 되었지만 말이야.

그 후 우리는 각자의 길을 갔고, 서먹한 사이가 되고 말았지. 지금 잘잘못을 따지는 게 아닐세. 편지를 쓰다 보니 옛날 생각에 감정이 격해져서 이런 저런 말이 나오게 되었군 그래. 가끔 안부 전해주게나.

최영으로부터

한때 존경해 마지않던 최영 장군님께

편지는 잘 읽었습니다. 장군님의 글을 보니 옛 추억이 새록새록 떠오릅니다. 한때 저는 당신을 정말 존경했습니다. 뛰어난 군인이며 백성을 위하는 마음이 지극하다고 생각했지요. 그런데 그건 저의 착각이었음을 깨달았습니다. 당신이 편지에 언급했듯 명에 대한 입장이 엇갈렸을 때였지요.

당시 명은 몽골을 몰아낸 강한 나라였고, 고려는 안팎으로 어려움을 겪고 있었어요. 현실적으로 당시 고려는 명과 전쟁을 할 수 있는 상황이 아니었습니다. 그런데 장군님은 그깟 자존심을 내세우며 전쟁을 준비했지요. 고려가 먼저 공격을 해야 한다며 말이에요. 잦은 전쟁으로 나라의 힘이 약해져 있는 상황에서 또 다시 전쟁을 벌인다면 피해를 입는 건 결국 백성들입니다. 전쟁보다는 외교적인 방법으로 평화로운 해결점을 찾는 게 좋지 않을까요?

그런데도 당신은 기어코 전쟁을 고집했지요. 하긴 당시 장군님은 고려의 32대 왕인 우왕의 장인이었으니 거리낄 게 없었겠지요. 전 할 수 없이 군대를 이끌고 요동 정벌에 나섰지요. 그러나 마음을 바꾸지 못하고 결국 압록강 하류의 위화도에서 군사를 돌리고 말았어요.

그 후 우리 두 사람은 역사의 라이벌이 되어버렸더군요. 비록 우린 함께 하지 못하지만 당신에게 행운이 따르길 빌겠습니다.

이성계 올림

 고종훈의 한국사 브리핑

인물 핵심 분석 ▶ 최영

QR 코드를 찍으면 고종훈 선생님의 강의를 볼 수 있어요.

시대 ▶ 1316년~1388년
좌우명 ▶ 황금 보기를 돌같이 하라.
나의 라이벌 ▶ 이성계
가장 좋아하는 단어 ▶ 충신
가장 기억에 남는 전투 ▶ 홍산 대첩
연관 검색어 ▶ 고려 장군, 이성계, 위화도 회군, 홍건적
역사적 중요도 ▶ ★★★★☆
시험 출제 빈도 ▶ 높음

고려 말에는 다른 나라의 침입이 잦았어요.

고려 말에는 홍건적과 왜구의 침입이 잦았어요. 북쪽에서는 홍건적이 고려의 국경을 넘어 쳐들어왔습니다. 남쪽의 해안선 주변에서는 왜구가 침입하여 백성을 괴롭혔어요.

최영 장군이 홍건적과 왜구에 맞서 싸웠어요.

원의 지배에 맞서 반란을 일으킨 홍건적은 여러 차례 고려를 침입했어요. 1361년 최영 장군은 홍건적이 점령한 개경을 되찾고 나라를 위기에서 구했어요. 그 후로도 내륙 지역까지 쳐들어온 왜구에 맞서 큰 승리를 거두기도 했어요.

이성계의 위화도 회군으로 최영은 자리에서 물러났어요.

요동 정벌을 두고 최영과 이성계가 의견 대립이 있었어요. 그러나 이성계가 왕과 최영의 명령을 어기고 위화도 회군을 하는 사건이 발생해요. **이 사건으로 최영은 관직에서 쫓겨나고 죽임을 당하게 됩니다.**

1 인물 초대석

생방송 한국사

무적의 장수, 이성계의 성장

요즘 고려에서는 삼척동자도 다 안다는 장군이 있습니다. 바로 이성계인데요. 이성계는 숱한 전쟁에서 큰 공을 세워, 백성들의 존경을 한 몸에 받고 있습니다. 오늘 인물 초대석에서는 이 장군님을 모시고 무용담을 직접 들어 보는 시간을 갖도록 하겠습니다.

이성계

혹시 나를 모르는 분이 있을지 모르니 간단하게 소개부터 올리겠소. 나는 **동북면** 출신의 장수로, 고려가 원의 지배를 받던 시기에 어린 시절을 보냈다오. 어려서부터 활쏘기를 잘했는데, 장군이 되어서는 그 실력이 더욱 빛을 발했다오. 나는 전투에 나가기 전에 활솜씨를 이용해 부하들의 사기를 북돋아 주곤 했소. 이를테면 수십 걸음 앞에 놓여 있는 새를 목표물로 정해 놓고 '저것을 맞추면 이번 전투는 승리할 것이다.' 하는 식이었다오. 나는 목표물을 거의 쏘아 맞혔는데 그때마다 병사들의 사기는 하늘을 찌를 듯 올라가 전쟁을 승리로 이끌 수 있었다오.

내가 장군으로서 이름을 알리기 시작한 것은 고려 말 홍건적과 왜구의 침입이 있던 시기부터였소. 홍건적의 침입 당시 원의 장수 나하추가 "고려에 활솜씨가 뛰어난 장수가 있다는 소문을 들었는데, 과연 헛소문

동북면
지금의 함경도 일대

이 아니었군."이라는 말을 남겼다고 하오. 특히 나는 **황산** 대첩에서 내 활쏘기 실력을 유감없이 발휘했소.

황산
전라도 지리산 부근의 지역

약탈
폭력을 써서 남의 것을 억지로 빼앗음

황산 대첩에서의 활약을 조금 더 설명해 주시겠습니까?

황산 대첩은 내가 왜구를 크게 무찌른 전투라오. 왜구는 홍산에서 최영에게 크게 당한 뒤로, 한동안 잠잠하였소. 그러다 다시 왜구가 쳐들어왔는데 무려 5백여 척의 선박을 이끌고 와서 충청·전라·경상도 일대를 **약탈**하고 사람을 마구 죽였소. 이때 그들이 죽인 시체가 산과 들을 덮을 정도였다오.

고려 조정에서는 급히 나를 왜구 토벌의 총지휘관으로 임명했지. 내가 전라도 남원 운봉에 이르렀을 때 드디어 왜구와 마주치게 되었다오. 나는 주특기인 활쏘기 기술을 선보이며 공격하였소.

당시 왜구의 기세도 만만치 않았다고 하던데요.

그렇소. 당시 왜구에게는 아지발도라는 훌륭한 장수가 있었다오. 고려의 여러 장수들이 계속해서 아지발도에게 달려들었지만 그를 당해낼 수는 없었지. 결국 많은 고려의 장수들이 그에게 목숨을 잃고 말았던 것이오. 덕분에 우리 고려군의 사기는 땅에 떨어질 대로 떨어진 상태였던 게야. 사기를 잃은 군사들은 제대로 전투를 치르지 못했다오. 게다가 아지발도는 온 몸에 갑옷을 두르고 있어 도무지 화살을 쏠만한 틈을 찾을 수 없었지. 이대로라면 고려가 질 것은 뻔한 일이었소.

그런데 순간 아지발도가 쓰고 있던 투구의 꼭지에 활을 쏘면 되겠다는 생각이 번뜩 들더군. 나는 지체 없이 화살을 날렸고, 다행히 명중했소. 당황한 아지발도가 투구를 고쳐 쓰려는 찰나 나의 부하인 이지란이 그의 얼굴에 활을 쏘아 명중시켰지. 그는 그대로 말에서 떨어져 죽고 말았어. 허허. 그야말로 통쾌한 승리였다오.

화제를 돌려보겠습니다. 장군님의 사병에 대한 칭찬이 자자하던데요. 이 자리에서 소개 좀 해주시겠습니까?

고려 말에는 무장들도 사병을 거느릴 수 있었는데, 나도 마찬가지였소. 나는 동북면 출신으로 이루어진 **가별초**라는 부대를 이끌었다오. 사실 가별초에는 고려 사람보다 여진 사람이 더 많았소. 여진 사람들은 말을 타는 데 익숙했고, 활을 더 잘 쏘았기 때문에 전투에서 더 뛰어난 활약을 펼칠 수가 있었거든. 황산 대첩에서 활약했던 이지란도 여진 출신이라오. 가별초 덕분에 나는 전투를 승리로 이끌 수 있었고, 고려 최고의 장군으로 성장할 수 있었다오.

이성계 장군님은 새로운 나라를 세우기 위한 뜻을 밝히신 걸로 알고 있습니다. 어떤 계기로 이와 같은 결심을 하게 되셨나요?

그동안 나는 수많은 전쟁을 치르면서 엄청난 **회의**를 느꼈소. 시간이 지날수록 우리가 대체 누구를 위해 전쟁을 벌이는지도 헷갈리기 시작하더이다. 백성을 지키기 위해 전쟁을 벌인다고 하지만 결국 전쟁의 희생자는 백성이고, 지배층은 백성을 외면한 채 자기 이익을 챙기는 데만 급급했소.

> **가별초**
> 사병을 몽골 어로 가베치(gabeci)라고 하고, 한자로 가별초(家別抄)라고 해요. 가베치는 활을 잘 쏘는 사람을 말해요.
>
> **회의**
> 의심을 품음. 또는 마음속에 품고 있는 의심

그러던 어느 날, '이렇게 서로 죽고 죽이며 사는 것이 무슨 의미인가? 고려는 썩었다. 새로운 나라가 필요하다.'라는 생각이 들었소.

그럼 그 뒤로 어떤 행동을 취하셨습니까?

고려 말의 상황은 이미 기울대로 기울어져 있었소. 당시 지배층의 부패는 이루 다 말할 수 없을 정도였소. 내 판단에 이 상황을 해결하는 유일한 방법은 새로운 사회의 건설이었소. 하지만 나는 한낱 고려의 장수일 뿐, 새로운 나라를 세울 만큼 강력한 힘은 없었다오.

그런데 마침 내가 힘을 키우게 된 중요한 일이 벌어졌는데, 이른바 **철령위 문제**였소. 고려의 철령 이북의 땅을 내놓으라는 것이었소. 이것은 순전히 명(明)이 고려를 만만하게 보았기 때문에 나타난 일이라오. 이에 최영을 비롯한 조정 대신들은 요동을 쳐서 본때를 보여주자는 주장을 펼쳤소. 나는 이와 반대로 명에 외교 사신을 보내 평화롭게 해결하자는 입장에 있었다오.

하지만 우왕은 나와 최영을 지휘관으로 임명해 요동 정벌을 지시했소. 할 수 없이 나는 군대를 이끌고 정벌에 나섰지만 전쟁이 불가능하다고 생각했소. 결국 위화도에서 군사를 돌려 개경을 점령하고 우왕을 내쫓았소. 그리고 최영은 유배를 보내 버렸다오.

고려는 이제 이성계 장군의 손안에 있다고 해도 틀린 말이 아닐 텐데요. 앞으로 어떤 상황이 펼쳐질까요? 이상 인물 초대석을 마칩니다.

철령위 문제

철령위 문제는 고려와 명(明) 사이에 일어난 영토 분쟁을 말해요. 원을 무너뜨린 명은 고려에게 '철령 이북은 원래 원의 땅이었으니 이것을 모두 요동에 소속시키겠다.'고 일방적으로 통보를 했고, 고려는 여기에 맞서 요동 정벌을 주장했어요.

위화도 회군

중국 요동을 정벌하려고 북쪽으로 향하던 이성계는 요동 정벌이 불가능하다고 판단하여 일단 압록강 가운데 있는 위화도에 머물렀어요. 그는 회군을 요청하였지만 우왕이 허락하지 않자 군대를 돌려 개경을 장악하고 권력을 잡았어요.

스페셜뉴스 그때 그 물건

화제의 그 물건!
왜구를 무찌른 신무기,
최무선이 발명한 화약을 소개합니다.

요즘은 어딜 가나 최무선이 발명한 화약이 화제입니다! 왜구를 물리치는 데 큰 역할을 했다고 하지요. 화제의 그 물건, 신 발명품 화약에 대해 소개해 드리겠습니다!

화통도감의 최무선 영감이 화약 제조법을 배운 지 20년이 된 해에 엄청난 위력을 지닌 화약이 발명되었습니다. 정말 획기적인 일이 아닐 수 없는데요. 사실 그 전까지 중국으로부터 수입한 화약은 고작 불꽃놀이에만 사용할 수 있을 정도였지요. 그러나 최무선은 오랜 연구 끝에 결국 폭발력을 최대화시킬 수 있는 방법을 알아냈습니다.

이 소식을 들은 고려군은 화약이 고려의 국력 향상에 큰 힘이 될 거라고 여겼습니다. 활과 칼 대신 화약을 이용해 적을 물리치려고 한 것이지요. 조정에서는 왜구를 물리치는 데 화포만한 것이 없을 거라고 판단하고 있습니다.

 이성계 | 신흥 무인 세력

화약 제조법을 완전히 습득한 최무선은 자기가 만든 화약을 실험해 보고자 왕에게 화통도감을 설치해 달라고 건의했어요. 화통도감은 화약의 제조를 맡아보는 임시 관청이죠. 이로써 최무선은 화통도감의 책임자가 되어 여러 종류의 화포를 만들었고, 이를 실제 전투에 이용했어요.

　최무선이 만든 화포가 그 위력을 제대로 발휘한 건, 1380년 왜구가 무려 5백여 척이나 되는 전투함을 이끌고 진포(현재의 금강 입구)에 쳐들어 왔을 때였어요. 이 전투에서 고려군은 화포를 이용해 적의 배들을 모두 불태워버렸어요.

　진포에서 왜구를 크게 물리친 고려군은 이후 바다 싸움에서 강한 힘을 발휘하게 되었습니다. 이후 왜구는 한동안은 잠잠했지만, 1383년에 120척의 배를 이끌고 경상도를 다시 침략했어요. 고려는 이때에도 화포를 쏘며 공격했어요. 그 사이 화포를 만드는 기술은 더 발전되었기 때문에 고려군은 왜구를 단번에 물리칠 수 있었답니다. 이후에도 고려는 왜와의 전투에서 연달아 승리했고, 왜구의 침략은 점차 줄어들었답니다.

　최무선은 『화약수련법』과 『화포법』이라는 저서를 남겼고, 화약 제조 기술은 아들인 최해산에게 이어졌어요. 그리고 조선이 세워진 뒤에는 태종이 최해산을 등용해 화약 무기를 대량 생산했답니다.

▼ 진포 대첩 기념탑

 고종훈의 한국사 브리핑

인물 핵심 분석 ▶ 이성계

QR 코드를 찍으면 고종훈 선생님의 강의를 볼 수 있어요.

나라와 백성을 구한 장수, 이성계

시대 ▶ 1335년~1408년
가장 잘하는 것 ▶ 활쏘기
보물 1호는? ▶ 나의 사병 가별초
나와 제일 친한 사람은? ▶ 정도전
남기고 싶은 한 마디 ▶ 새 나라로 새 꿈을 꾸겠다!
연관 검색어 ▶ 위화도 회군, 조선 건국, 신흥 무인 세력
역사적 중요도 ▶ ★★★★☆
시험 출제 빈도 ▶ 높음

이성계가 전투에서 공을 세우며 이름을 알렸어요.

이성계가 황산에서 왜구의 우두머리 아지발도 사살, 왜구 격퇴

이성계는 홍건적의 침입을 물리치며 활약하였습니다. 또한 황산 대첩 등에서 고려를 침입한 왜구를 크게 무찔렀습니다. 이렇듯 이성계는 **홍건적과 왜구의 침입을 물리치며 세운 공으로 백성들의 지지를 받았지요.**

이성계는 새로운 나라를 세울 꿈을 품게 되었어요.

고려 말 지배층의 부패는 매우 심했어요. **이성계는 수많은 전쟁을 치르면서 회의를 느꼈어요.** 무엇이 진정 백성을 위하는 길인지 고민하게 되었죠. 고민 끝에 결국 이성계는 새로운 나라를 세워야 한다고 생각하였습니다.

이성계가 위화도 회군을 일으키고 조선을 세웠어요.

위화도 회군 이후 이성계는 고려의 최고 실력자가 됨

요동 정벌을 두고 우왕과 최영, 이성계의 의견이 갈렸어요. 이성계는 요동 정벌에 반대했지요. **결국 최영의 명에 따라 요동 정벌에 나선 이성계는 위화도 회군을 일으킨 뒤 정치적 실권을 차지하였습니다.** 후에는 '조선'이라는 새 나라를 세웠어요.

인물 관계 분석

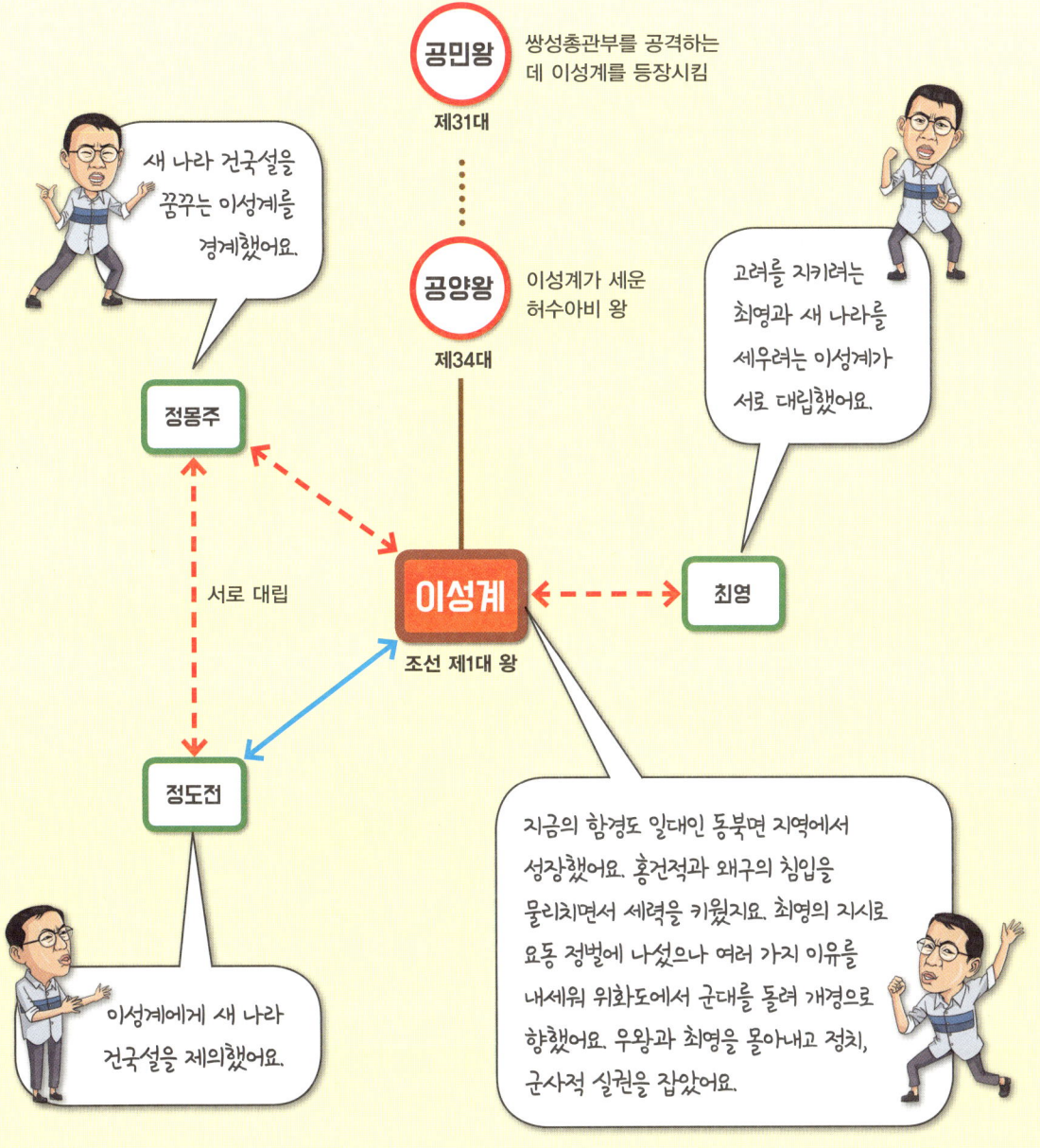

인물 연표 고려

1대 태조 왕건 877~943 재위 918~943

개성 호족 출신인 왕건은 궁예를 몰아내고 고려를 세운 후 왕이 되었어요. 불교를 중시하고 영토를 넓히기 위해 노력했지요. 왕권의 안정을 위해 많은 부인을 두기도 했어요.

4대 광종 925~975 재위 949~975

호족의 기세에 눌려 왕권이 약했던 고려에 왕권 강화라는 업적을 이룩한 왕이에요. 노비안검법과 과거제를 실시해 왕권을 강화함과 동시에 호족의 기세를 꺾어 놓았어요.

6대 성종 960~997 재위 981~997

고려에 유학을 널리 퍼뜨린 왕이에요. 고려 사회의 전반적인 제도의 기틀을 마련하는 업적을 남겼답니다. 5도 양계를 비롯한 각종 정책을 만든 장본인이에요.

최승로 927~989

성종을 도와 고려 사회에 유교를 정착시켰어요. 또한 「시무 28조」를 성종에게 바쳐 정치 개혁을 이룩하였어요.

윤관 ?~1111

여진족이 고려의 국경을 넘어와 많은 사람을 죽이고 약탈을 일삼자 윤관은 별무반을 만들어 여진족을 물리쳤어요. 그리고 그곳에 동북 9성을 쌓았지요.

이자겸 ?~1126

고려 인종의 외할아버지이자 장인이에요. 왕실의 외척으로 막강한 권력을 누렸지만 욕심이 지나쳐 왕이 되고자 난을 일으켰지요. 결국 인종에게 제거되었답니다.

묘청 ?~1135

고려 초기 국가의 정책이었던 북진 정책이 점점 약화되자 묘청은 도읍을 서경으로 옮기자고 주장했어요.

만적 ?~1198

노비였던 만적은 무신 정변 이후 신분 질서가 흔들리는 모습을 보고 노비 신분에서 벗어나기 위한 난을 일으키려 했어요.

김윤후 ?~?

승려 출신 김윤후는 고려를 쳐들어온 몽골에 대항해 승병을 이끌고 싸웠어요. 처인성에서는 적장 살리타를 화살로 쏘아 죽이기도 했지요.

삼별초 1232~1273

무신 정권이 무너지고 고려 조정이 몽골과 화해하여 다시 개경으로 돌아갈 때 삼별초는 끝까지 몽골에 저항했어요. 이들은 진도와 제주도로 근거지를 옮겨가며, 몽골과 싸웠답니다.

31대 공민왕 1330~1374 재위 1351~1374

원의 그늘 아래 있던 고려의 개혁을 위해 노력한 왕이에요. 쌍성총관부를 공격해 고려의 영토를 넓혔으며, 고려 사회에 널리 퍼진 몽골 풍습도 없앴답니다.

서희 942~998
거란이 쳐들어오자 서희는 당당히 외교관으로 나섰어요. 고려를 쳐들어온 거란의 마음 속을 꿰뚫어 보고 현명한 협상을 벌여 오히려 고려의 영토를 넓혔어요.

강감찬 948~1031
거란이 다시 쳐들어왔을 때 이를 물리친 사람이 바로 강감찬이에요. 뛰어난 작전을 바탕으로 귀주 대첩을 승리로 이끌었답니다. 전쟁 후 도읍 주위에 나성을 쌓고 국경에 천리 장성을 쌓았어요.

최충 984~1068
유학을 깊이 연구한 학자예요. 학문적으로 높은 경지에 올라 사립학교를 세웠지요.

의천 1055~1101
고려 문종의 아들로, 중국에 유학하여 불교를 공부했어요. 고려에 돌아와서는 교종을 중심으로 선종을 통합한 해동 천태종을 창시했어요.

김부식 1075~1151
『삼국사기』라는 역사책을 후대에 남겼어요. 또 묘청의 난을 진압하기도 했답니다.

최충헌 1149~1219
고려는 문신에 비해 무신에 대한 차별 대우가 심했어요. 이에 분개한 무신들은 난을 일으켰어요. 최씨 정권은 최충헌 이후 4대에 걸쳐 권력을 장악했답니다.

지눌 1158~1210
선종을 중심으로 교종을 통합한 조계종을 창시했어요. 지눌은 타락한 고려 불교를 개혁하는 데 앞장서기도 했지요.

신돈 ?~1371
공민왕을 도와 고려의 개혁을 위해 노력했어요. 귀족들이 백성들로부터 불법적으로 빼앗은 땅을 다시 백성들에게 돌려주었으며 억울하게 노비가 된 사람들도 신분을 해방시켜 주었어요.

정몽주 1337~1392
고려 말 공민왕의 개혁 세력으로 등장한 새로운 지배 계층이 신진 사대부예요. 정몽주는 온건파 신진 사대부의 대표로 고려에 끝까지 충성을 바쳤어요.

최영 1316~1388
고려의 충신으로 흥건적과 왜구의 소탕에 뛰어난 업적을 남겼어요. 고려를 지키려던 최영은 새 나라를 세우고자 한 이성계에 의해 죽임을 당했지요.

이성계 1335~1408
고려의 변방 출신으로 뛰어난 무예 실력 덕에 고려의 중앙 정부로 진출할 수 있었어요. 신흥 무인 세력의 상징인 이성계는 후일 정도전과 손잡고 새 나라 조선을 건국했어요.

찾아보기

2성 6부 49
3성 6부제 48
5도 양계 50
9재학당 87
12목 49, 52

ㄱ
강동 6주 69, 76
가별초 226
견훤 16, 19
경기 51
고려양 197
공녀 189, 194
공음전 91
과거제 35, 90
궁예 14
권문세족 189, 200, 206
교정도감 148
교종 96, 154
궁예 14
귀주 대첩 80
기철 191, 195
금속 활자 140

ㄴ
노국대장공주 190, 192
노비안검법 33, 201

ㄷ
돈오점수 155
동북 9성 107

ㅁ
마진 15
망이, 망소이의 난 168
매향 160

몽골풍 196
묘청의 난 129, 132
무신 정변 147
문벌 귀족 112
문헌공도 89

ㅂ
벽란도 72
별무반 105
북진 정책 23

ㅅ
사학 12도 88
살리타 173
삼국사기 136, 138
삼국유사 138
서경 천도론 126
서희의 외교 담판 68
선종 96, 154
성리학 207
소손녕 66
손변 184
수선사 결사 154
시무 28조 57
신진 사대부 206
쌍기 34
쌍성총관부 189

ㅇ
안향 211
양규 76
연등회 24, 59, 99
왜구 216, 225, 228
위화도 회군 227
이색 209
이자겸의 난 115
이의민 147, 164

음서제 36, 90

ㅈ
장생표 159
저고여 피살 172
전민변정도감 201
전시과 118
전주 관노의 난 164, 168
정도전 207, 212
정동행성 189
정중부 144
정혜쌍수 155
조계종 155
족내혼 38
직지 140

ㅊ
처인성 174
척준경 106, 113, 116
천리 장성 81
천태종 95
철령위 문제 227
청자 120
최무선 228
최씨 정권 148, 180

ㅌ
태봉 17

ㅍ
팔관회 24, 59, 98
팔만대장경 175, 176
풍수지리설 126

ㅎ
해동 천태종 96, 156

홍건적 202, 217
홍산 대첩 219
화통도감 229
황산 대첩 225
후고구려 15
훈요 10조 25

생방송 한국사 시리즈

한국사, 더 쉽고, 재밌고, 생생하게!

총 10권

〈생방송 한국사〉에서 생생한 뉴스로 전해드립니다.

시대별 8권
선사 시대·고조선 | 삼국·가야 | 남북국 시대 | 고려
조선 전기 | 조선 후기 | 근대 | 근대·현대

종합편 2권
용어 편 (600개 어휘 정리)
문제 편 (한국사능력검정시험대비 문제 수록)

한국사 대표 강사 고종훈!!

**수능 한국사 강의 1인자 고종훈 선생님과 함께!
〈생방송 한국사〉로 한국사 완전 정복!!**

- 수능 한국사 강의 독보적 1인자!
- 메가스터디 13년, 누적 유료 수강생 70만 명 돌파!
- 9년 연속 유료 수강생 1위!
- 한국사능력검정시험 고급 합격자 최다 배출!
- 〈생방송 한국사〉 시리즈 감수 및 동영상 강의

1 역사 인물의 이야기를 통해 역사를 쉽고 재미있게 이해해요.

2 다양한 방송 프로그램 형식으로 시대와 사건의 배경을 알아봐요.

3 고종훈 선생님의 동영상 강의로 다시 한번 개념을 정리해요.

4 용어 편, 문제 편으로 한국사능력검정시험까지 완벽하게 준비해요.

한국사 완전정복

생방송 한국사 시리즈는 이런 내용으로 구성되어 있어요.

01 선사 시대, 고조선

우리 역사의 시작! 한반도에는 사람들이 언제부터 살기 시작 했을까?

02 삼국 시대, 가야

고구려, 백제, 신라의 물러날 수 없는 대결! 그리고 홀로 고고히 풍요를 누리던 가야의 이야기

03 남북국 시대

천년 왕국 신라의 시작과 끝! 신라의 저력과, 광활한 영토를 차지했던 발해의 모습

04 고려

드높은 고려의 자긍심! 수많은 외적의 침략을 물리치고 나라를 지켜낸 고려의 이야기

05 조선 전기

유교의 나라, 백성의 나라 드디어 조선이 시작됐다!

06 조선 후기

조선의 위기! 임진왜란 이후 조선의 운명이 달라지기 시작했다.

07 근대

일본과 서양 열강이 조선을 노린다! 어떻게든 조선을 지키고자 했던 우리의 슬픈 역사

08 근대, 현대

지금의 대한민국이 있기까지! 우리의 민주주의의 모습

09 용어 편
역사적 흐름 속에서 이해할 수 있도록 구성된 600개의 용어 정리

10 문제 편
개념 정리부터 한국사능력검정 시험 문제까지 총정리